T0208761

Ronny Jahn

Der blinde Fleck im Spitzensport

Soziologische Studien

Band 33

Ronny Jahn

Der blinde Fleck im Spitzensport

Zur soziologischen Begründung
der Supervision und ihrer Anwendung
im Leistungssport

Centaurus Verlag & Media UG 2008

Zum Autor:
Ronny Jahn, geb. 1978, MA, studierte Soziologie, Politik und Medienwissenschaften und war Mitglied im Nachwuchsteam der Radsportprofimannschaft Team Deutsche Telekom. Er promoviert derzeit an der Universität Potsdam am Institut für Erziehungswissenschaft und ist als freiberuflicher Berater tätig.

Die Deutsche Bibliothek – CIP-Einheitsaufnahme

Bibliographische Information der Deutschen Bibliothek:
Die deutsche Bibliothek verzeichnet diese Publikation in der
Deutschen Nationalbibliographie; detaillierte bibliographische Daten
sind im Internet über http://dnb.ddb.de abrufbar.

ISBN 978-3-8255-0691-9   ISBN 978-3-86226-332-5 (eBook)
DOI 10.1007/978-3-86226-332-5

ISSN 0937-664X

Umschlaggestaltung: Alexander Labrentz

Inhalt

Teil I: Theorie

Teil II: Qualitative Untersuchung

Für Judith

Vorwort

Wird in der Presse dieser Tage das Thema Doping erwähnt, ließt man in der Regel über besser werdende Testverfahren, dichtere Kontrollen und härtere Strafen im Kampf gegen Dopingsünder. Die öffentliche Debatte um deviantes Verhalten im Sport verengt sich dabei auf medizinische und juristische Instrumente der Problemlösung zwischen denen straffällige und tatwillige Sportler eingekeilt werden sollen. Ziel ist, den Athleten von einer Manipulation abzuschrecken und einen sauberen Sport zu schaffen.

Nun weiß man nicht erst seit der Debatte um zunehmende Jugendgewalt, dass härtere Strafen nicht zwangsläufig zu weniger Gewaltdelikten führen – im Gegenteil. Vielmehr ist es wichtig, das soziale und gesellschaftliche Umfeld der Delinquenten in den Lösungsprozess einzubeziehen. Das gilt auch für den Sport. Der dopende Sportler ist kein devianter Einzeltäter, sondern ein Akteur im Schnittpunkt hochkomplexer Netzwerke, die sein Handeln ermöglichen und kanalisieren. Eine solche Perspektive wurde im Antidopingkampf bisher wenig berücksichtigt und ist unbequem. Sie bezieht uns alle in die Analyse der Ursachen des Dopings mit ein - als Eltern, Trainer, Politiker, Wirtschaftsakteure, Medienvertreter und Publikum.

Das soziale Umfeld des dopenden Sportlers gleicht zunächst dem des Hochleistungssportlers im Allgemeinen. Erst spezifische persönliche, gruppendynamische und organisatorische Zwänge trennen im weiteren Verlauf die Karrieren des Dopenden vom Nichtdopenden. So sind es auf *persönlicher* Ebene, durch die stetige Ausdehnung einer durchschnittlichen Karriere hervorgerufene, finanzielle Existenzängste die deviantes Handeln begünstigen. Die Soziologen Bette und Schimank bezeichnen diese Hochkostensituation, in der jede weitere Investition in den Sport den Erfolgsdruck potenziert, bei gleichzeitiger absoluter Minimierung anderer sozialer Aktivitäten, als „biographische Falle". Ein Phänomen dem man durch parallel zur Sportkarriere laufende Ausbildungs- und Studienprogramme leicht entgegenwirken könnte. Auf *gruppendynamischer* Ebene findet sich das Problem der fehlenden Transparenz im Sinne eines: „Ich weiß nicht was der andere tut, also tue ich es vorsorglich auch.". Dabei führt die eigentümliche Verquickung von Einzel- und Mannschaftssport im Profiradsport zu fragilen Gruppenkonstellationen in denen zwingender Egoismus durch monetäre Leistungen in Gruppendisziplin integriert werden muss. Mythen über mögliche Dopingmittel, die selten auf faktischem Wissen beruhen, bestimmen die Diskussionen zwischen Sportlern und Betreuern. Im Resultat wird keinem Sieger ein sauberer Sieg zugetraut und das gegenseitige Misstrauen im „Rüstungswettlauf" ins Unermessliche getrieben. Aufklärung, Wertevermittlung und das Sichtbarmachen dieser Grauzone, wie es sich einige Pilotprojekte zum Ziel setzten, sind hier die richtigen Ansätze. Auf *organisatorischer* Ebene sind es mangelnde Vereinsführung, überfüllte den Trainingsplan diktierende Wettkampf-kalender sowie überhöhte Leistungsvorgaben des Deutschen Olympischen Sport-bundes, der im Zuge allgemeiner Kosteneinsparungen Olympiamedaillen fördert - gute Leistungen, also Ergebnisse ab Platz 3, jedoch finanziell beschneidet, die Doping eher fördern als bekämpfen.

Auch aus systemischer Perspektive ist Doping für unsere Leistungsgesellschaft, der Sport als letztes faires Heldenepos dient, hochproblematisch. Sport erhält seinen Reiz und Sinn durch Regeln, Chancengleichheit, Grenzüberschreitung, fehlendes Stellvertreterhandeln und einen offenen Ausgang. Doping gefährdet diese Logik des Sports, in deren Lichte sich auch Akteure anderer gesellschaftlicher Felder gerne sonnen. Ein siegender Sportler ist dabei von besonderem Interesse und lässt das allgemeine sportliche Fairplay erst zum modernen Heldenepos werden. Olympische Medaillen spielen in der internationalen Politik ebenso eine Rolle wie im regionalen Wahlkampf. Gerne lassen sich politische Akteure mit Blumen und Pokalen ablichten. Dass Hochleistungssport in Verbindung mit Siegen für die Wirtschaft als Werbe- und Kommunikationsmittel hocheffizient ist, ist kein Geheimnis. Bleiben die Medien, die gerne über Helden berichten - oder Doping. Nur als Kuriosum erwecken Durch-schnittsleistungen die mediale Aufmerksamkeit. Und wer verlangt nach den Aus-nahmeathleten? Wir als Publikum und Katalysator dieses sich selbstbeschleunigenden Gefüges. So verstärken die externen Faktoren nur den Druck der Systemlogik, den sich der Sport mit dem Siegescode selbst setzt. Siege werden zum einzigen Trumpf und deren Ausnahme zur geforderten Alltäglichkeit.

Leise wird die letzte „Insel des Fairplay" einer sonst entfesselten Leistungsgesell-schaft von den Imperativen des Wirtschaftsystems besetzt. Wer glaubt, dass im Milliardengeschäft Sport mit bloßem Wasser gehandelt wird und werden kann, verschanzt sich hinter naiver Gläubigkeit. Erst wenn alle Beteiligten dieser „Konstellation" (vgl. Bette; Schimank: 2006) ihre wechselseitige Mittäterschaft er-kennen und sich am Präventionskampf beteiligen, ist ein nachhaltiger Erfolg denkbar. Einen gänzlich sauberen Sport gab es nie. Es wird ihn auch nie geben. Diese Einsicht mag traurig stimmen, sie wäre aber der Anfang einer ehrlich geführten Auseinander-setzung die nicht des Dopings Willen, sondern um dessen Lösung geführt wird.

Ich hoffe, mit diesem Buch den beginnenden Paradigmenwechsel im Antidoping-kampf zu unterstützen und um weitere Perspektiven bereichern zu können.

Ich danke Judith für die vielen Gespräche, ihre unermüdliche Unterstützung und die Möglichkeit der Horizonterweiterung. Meinen Eltern Ingeborg und Werner Jahn danke ich für ihr Vertrauen. Professor Wolfgang Weigand bestärkte mich immer wieder im unkonventionellen Denken. Professor Stölting, Professor Hermanns und die Universität Potsdam stellten mir die „Insel der Wissenschaft" im Meer des praktischen Vollzugs. Stefan Trommer bot mir freundschaftlichen Ausgleich zum theoretischen Dschungel. Schließlich danke ich Alexander Labrentz und Jana Mähne für ihre unverzichtbare redaktionelle Unterstützung.

Berlin im Mai 2008   *Ronny Jahn*

Einleitung

> Na schön, wir haben verstanden, es gibt keine Letztbegründungen mehr, kein klassisches
> Subjekt, keine linearen Erzählungen. Mag sein! Wenn die letzte Erzählung dekonstruiert
> und das letzte Subjekt aufgelöst ist, werdet ihr merken, dass man Signifikanten nicht
> essen kann! (Mariam Lau 1998: 919)

Verstehen und Verständigen scheint Akteuren, im Zuge sich nach außen öffnender Gesellschaften, zunehmend schwerer zu fallen (vgl. Kaufmann 2006). Gewohnte Werte, Normen und Praktiken werden mit ungewohnten Perspektiven, Methoden und Bräuchen konfrontiert. Unverrückbar geglaubtes Wissen wird fast täglich erneuert und verändert, vertraute gesellschaftliche Organisationsformen werden auf der Suche nach neuen Möglichkeiten sozialen Zusammenlebens zunehmend als dysfunktional interpretiert, Akteursidentitäten setzen sich aus immer komplexeren Teilidentitäten zusammen (vgl. Baumann 2003, Beck 1996). Infolgedessen artikulieren Akteure einer orientierungslos anmutenden Gesellschaft offenbar verstärkt den Wunsch nach Orientierung.

In Anlehnung an das einleitende Zitat von Mariam Lau stehen auch die nachfolgenden Ausführungen im Geiste eines Bedürfnisses nach einer normativen Basis gesellschaftlicher Organisation. Jedoch sollte diese die Tendenzen einer sich scheinbar in alle Richtungen auflösenden Gesellschaft nicht bedauern, sondern deren positiven Gehalt erkennen und nutzen. Die von Jürgen Habermas ausgearbeitete „Theorie des kommunikativen Handelns" (vgl. Habermas 1981a) und die Praxis der Supervision erscheinen mir als geeignete theoretische und methodische Ansätze, der gesuchten normativen Basis überkomplexer Gesellschaften näher zu kommen. Beide suchen zunächst nach Wegen unterschiedlichste Akteursperspektiven zu verstehen, um im Weiteren eine Verständigung über diese möglich zu machen, welche schließlich in deren Anerkennung und Integration in einen problematisierten Handlungsbereich münden soll (vgl. Buer 2000; Habermas 2005). Nichtverstehen ist somit sowohl für Habermas als auch die Supervision durch den Eintritt in eine gemeinsame Praxis des Anhörens und Verstehens von Gründen für differenzierte Akteursperspektiven auflösbar (vgl. Habermas 2004). Entscheidend ist dabei für beide Arbeitsansätze, dass das Nachdenken über eigene Standpunkte und die Prüfung der Gründe für diese, in einem selbstreflexiven Prozess erfolgt. Während die Reflexion zwar von außen angeregt und unterstützt werden kann, soll deren Ergebnis dem selbstreflexiven Prozess der Akteure entspringen und nicht von außen aufgesetzt werden. In diesem Sinne lässt sich die Arbeit der Supervision als „Beobachtete Selbstkorrektur" bezeichnen.

Die an dieser Stelle vorerst nur einem intuitiven Gefühl entspringende Annahme einer Parallelität zwischen habermas´scher Theorie und supervisorischer Praxis, ist die Leitidee der vorliegenden Studie, welche im Folgenden theoretisch und am Beispiel des Leistungssports empirisch konkretisiert werden soll.

*

Das Buch verfolgt drei Ziele. Erstens soll gezeigt werden, dass sich die „Theorie des kommunikativen Handelns" als theoretische Basis der Supervision eignet. Der Bedarf einer solchen theoretischen Basis ergibt sich dabei nicht aus fehlenden Forschungs-arbeiten zu diesem Thema im Allgemeinen, sondern aus dem Manko an soziologisch intendierten Überlegungen zur Supervision im Besonderen. Auch wenn Giesecke und Rappe-Giesecke (vgl. Giesecke, Rappe-Giesecke 1997) eine umfassende Abhandlung zur „Supervision als Medium kommunikativer Sozialforschung" verfasst haben, so fehlt es doch an weiteren soziologischen Arbeiten zu dieser Thematik, um eine weit gefächerte Diskussion anzuregen und den Meinungsaustausch zu beleben. Dass sich dazu gerade die normative „Theorie des kommunikativen Handelns" als geeignet erweisen soll, mag zu einer Zeit, in der die analytische Systemtheorie in der Bera-tungsszene Hochkonjunktur besitzt, überraschen. In den nächsten Kapiteln soll jedoch deutlich werden, dass „soziale Wirklichkeit" (vgl. Kapitel 4) nicht zwangsläufig so kontingent ist, dass jeder Versuch rationale Handlungen zu realisieren im irrationalen Chaos enden muss, wie Systemtheoretiker immer wieder behaupten (vgl. Simon 2005). Denn nicht zuletzt diese Perspektive „sozialer Willkür" geht mit dem Nichtverstehen zwischen orientierungslosen Akteuren einher (vgl. König 1996: 16f.). Vielmehr soll auf den folgenden Seiten herausgearbeitet werden, dass Verstehen durch den rationalen Austausch objektiver, sozialer und subjektiver Gründe ver-wirklicht werden kann.

Zweitens wird der Versuch unternommen, die „soziale Wirklichkeit" (vgl. Kapitel 4) einer professionellen Radsportmannschaft zu rekonstruieren und dadurch zu ver-deutlichen, dass supervisorische Tätigkeit im Feld des Leistungssports sinnvoll ist. Die Notwendigkeit dazu ergibt sich nicht zuletzt aus meiner Erfahrung[1], dass das Zusammenspiel organisatorischer, sozialer und psychischer Faktoren im Leistungs-sport zu wenig berücksichtigt wird (vgl. Bette 1984, 1995). Die Praxis der Super-vision scheint im Feld des Sports sogar weitestgehend unbekannt. Aus den zwei ersten Anliegen resultierend, kann schließlich drittens der praktische Nutzen von Teilen der „Theorie des kommunikativen Handelns" an der „sozialen Wirklichkeit" der zu analysierenden Profimannschaft geprüft werden.

---

1 Nach einer jahrelangen aktiven Karriere als Radsportler im semiprofessionellen Bereich, bin ich heute durch eine beratende Tätigkeit mit dem Sport verbunden.

Um diesen drei Zielen gerecht werden zu können, ist die Arbeit in zwei Teilbereiche untergliedert. Im ersten theoretischen Teil wird, ausgehend von einer Vorverständigung über den Begriff Supervision, die Entwicklung supervisorischer Praxis von ihren Anfängen bis in die Gegenwart skizziert, um dem Leser den Wandel supervisorischer Tätigkeit zu verdeutlichen und einen Eindruck in praktizierte Supervision zu ermöglichen. Daran anschließend werden die für diese Arbeit relevanten Bereiche der habermas'schen „Theorie des kommunikativen Handelns" vorgestellt. Im letzten Abschnitt des theoretischen Teils wird schließlich der Syntheseversuch zwischen Supervision und Habermas unternommen.

Der zweite Teil dieser Forschungsarbeit ist in erster Linie eine empirische Studie der Kommunikationsstrukturen des professionellen Radsportteams Blau. Die aus dem theoretischen Teil gewonnen Erkenntnisse sollen dazu dienen, die Kommunikationsstrukturen im Team Blau zu rekonstruieren und zum Gegenstand einer theoretischen Reflexion zu machen. Dazu wird zunächst in die angewandte rekonstruktive Methode der sozialwissenschaftlichen Hermeneutik eingeführt und gleichzeitig gezeigt, warum diese für die vorliegende Arbeit geeignet erscheint. Im Anschluss daran erfolgt eine Einführung in das Feld des Radsports, bevor im Weiteren die Kommunikationsstrukturen innerhalb des Teams Blau anhand von Interviewprotokollen rekonstruiert werden. Als Nebeneffekt ermöglicht dies die Überprüfung des praktischen Nutzens von Teilen der „Theorie des kommunikativen Handels". Dabei kann der geneigte Leser je nach Interesse zwischen den einzelnen Kapiteln springen, ohne den Sinnzusammenhang zu verlieren. Jedem Kapitel geht eine kurze Zusammenfassung der vorangegangenen Inhalte voraus.

Im Sinne des abschließenden Zitats hat die vorliegende Arbeit nicht den Anspruch neue Wege der Supervision zu bestreiten, sondern stellt sich die Aufgabe, schon ausformulierte und praktizierte Pfade supervisorischer Praxis aus soziologischer Perspektive zu betrachten und damit möglicherweise neue Denkanstöße und Arbeitsfelder der Supervision zu eröffnen.

> Eine unübersehbare Fülle von Neuerscheinungen liegt vor uns, und es wird nicht selten so getan, als gebe es immer wieder neue Anfänge. Tatsächlich geschieht oft nicht mehr, als das Komplexe in einzelne News zu zerlegen, und häufig findet nichts weiter statt als endlose Wiederholungen. Das Bewusstsein allerdings ignoriert diese Wiederkunft des sich Entzogenen, auch deshalb, weil es den neuen Begrifflichkeiten fasziniert entgegentritt. Möglicherweise lohnt es sich, das alte nicht nur für ein paar Pfennige in das Antiquariat zu tragen, sondern das Gedachte immer mal wieder in das Freie seines Wesensgehalts zu stellen, damit wir nicht meinen, wir müssten rückhaltlos alles neu denken. (Münch 2002: 83)

TEIL I: Theorie

1. Supervision

Fällt der Name Supervision sowohl in Alltags- als auch in Fachgesprächen, folgt dem erfahrungsgemäß eine Diskussion um das Verständnis des Begriffes, da dieser nicht ohne weiteres inhaltlich eindeutig gefüllt werden kann, sondern vielmehr mit einer diffusen Ahnung einhergeht. In nichtfachlichen Gesprächen reicht die Spannbreite der mit Supervision verbundenen Assoziationen von keiner Vorstellung, über Kontrolle und Zwang, bis zu einer Super – *Vision* durch die Einnahme bewusstseinserweiternder Mittel (vgl. Scobel 1988: 11f.). Ist man sich in Fachgesprächen hingegen des Begriffsinhalts bewusst, indem man Supervision allgemein als ein „Reflexions- und Beratungskonzept betrachtet" (Möller 2006), wird im Fortgang der Kommunikation recht bald über eine präzise theoretische Definition der Supervisionspraxis debattiert (vgl. Hege; Münch 2002). Ist Supervision eine eigenständige Profession? Wenn ja, was ist ihr Arbeitsfeld? Was ihr Arbeitsauftrag und mit welchen Instrumenten möchte sie diesen lösen? Wovon grenzt sich Supervision ab? Was und wen bezieht sie ein? Warum heißt Supervision nicht Praxisberatung oder Praxisanleitung?

Diese Fragen wurden an anderer Stelle umfangreich bearbeitet und diskutiert (vgl. Münch 2002; Belardi 1992; Schreyögg 1991; Weigand 1990). Für die vorliegende Arbeit genügt es, den Weg von den Anfängen bis zum heutigen Erkenntnisstand der Supervision zu skizzieren, um ein, wenn auch nicht umfassendes, so doch stichhaltiges Wissen über Supervision zu erlangen und dieses im Weiteren mit der „Theorie des Kommunikativen Handelns" und dem Feld des Sports in Beziehung setzen zu können.

Dazu wird zunächst die semantische Bedeutung des Begriffes Supervision erläutert (1.1). Im Anschluss daran ist der Ausgangspunkt supervisorischer Praxis zu zeigen, mit dem eine Wendung der ursprünglichen Wortbedeutung einhergeht (1.2). Im Weiteren werden Entwicklungsverläufe von Theorie und Praxis im Feld der Supervision kursorisch nachvollzogen (1.3) und für den deutschsprachigen Raum präzisiert (1.4). Anschließend soll eine kurze Darstellung des Verlaufsprozesses einer Supervision dem Leser eine konkrete Vorstellung supervisorischer Praxis ermöglichen (1.5). Schließlich wird das gewonnene Wissen in einem Ausblick mit den nachfolgenden Kapiteln und Arbeitsvorhaben in Verbindung gesetzt (1.6).

1.1 Der Begriff Supervision

Der Begriff der Supervision unterliegt im ursprünglichen Sprachgebrauch einer gänzlich anderen Bedeutung als im heutigen deutschsprachigen psychosozialen Bereich. Petzold (vgl. Petzold 2002: 1f.) macht darauf aufmerksam, dass sich *Supervidere* in der Antike der Überwachung widmeten. Sie beobachteten, inspizierten, sahen nach dem Rechten, kontrollierten, beaufsichtigten, führten und untersuchten. Im klassischen Latein wurde der Begriff „supervisor" durch „inspector" ersetzt, wobei im weiteren Verlauf „supervidere" mit „inspicere" gleichgesetzt wurde (vgl. ebd.). „Supervision bedeutet im weitesten Sinne - Führung aus einer Machtposition heraus" (ebd.). Diese semantische Bedeutung findet sich auch heute noch im Oxford English Dictionary:

> „supervise = 1 superintend, oversee the execution of (a task etc.). 2 oversee the action or work of (a person)" („Oxford English Dictionary" 1998)

In der historischen Entwicklung sieht Petzold den Begriff Supervision und die damit verbundene supervisorische Praxis somit eher negativ besetzt. Supervisoren hatten die Aufgabe zu kontrollieren, dabei war die Aufgabe mit dem Zweck verbunden, vorwiegend ärmere und ärmste Bürger zu disziplinieren (vgl. ebd.). Die Ausführungen Foucaults in „Überwachen und Strafen" (Foucault 1994) weisen in eine ähnliche Richtung wie diese Supervisionsauffassung und zeigen diesbezüglich Machtdiskurse auf, aus denen, auf immer subtilere Art und Weise, Überwachungsmechanismen zum Zwecke der Disziplinierung hervorgehen (vgl. Foucault 1994: 220ff.). Machtphänomene freilich sieht Petzold im deutschsprachigen psychosozialen Feld der Supervision zu wenig berücksichtigt. Vielmehr unterzieht sich die Praxis und Theorie der Supervision einer nur unzureichenden kritischen Selbstreflexion bezüglich ihres historischen Ursprungs und machtausübenden Charakters (vgl. Petzold 2002: 2). Ob dem so ist, kann hier nicht weiterverfolgt werden, im dritten Kapitel der vorliegenden Arbeit wird jedoch auf die Machtproblematik im Feld der Supervision zurückzukommen sein. An dieser Stelle muss es genügen auf Beiträge zu diesem Thema innerhalb der Supervisonsliteratur zu verweisen (Supervision 4/2003; König 1996; Weigand 1988). Außer Frage steht indes, dass der heute verwendete Begriff Supervision im deutschsprachigen psychosozialen Bereich dem ursprünglichen Wortsinn geradezu entgegengesetzt ist, wie die folgenden Ausführungen zeigen werden.

1.2 Ursprünge aktueller Supervisionspraxis

Ausführliche Dokumentationen zur Geschichte der Supervision finden sich nur wenige, was durch die noch relativ junge Profession der Supervision bedingt sein dürfte. Um so mehr sind die erschienen Beiträge zu würdigen (Kadushin, Federn, Wieringa, Weigand 1990; Hürtgen-Busch 2000; Münch 2002; Petzold 2005), auf die sich die folgenden Textpassagen stützen.

Das Verfahren der Beratung eines Praktikers durch einen erfahrenen Praktiker findet sich schon im sokratischen Dialog verkörpert. Sokrates regte dabei durch Fragen die Selbstreflexion seiner Schüler an womit er deren Lernprozess fördern wollte (vgl. Birnbacher 1999: 15ff.). Den Ausgangspunkt der heutigen Supervision im psychosozialen Bereich bildet die Sozialarbeit[2] der nordamerikanischen Wohlfahrtsorganisationen am Ende des 19. Jahrhunderts, ohne das jedoch der Begriff Supervision in dieser Zeit schon explizit erwähnt wurde. Mit zunehmender Industrialisierung und Urbanisierung erhöhte sich die Anzahl sozialschwacher Einwohner in den USA drastisch. Infolgedessen sah sich der besserverdienende Anteil der Bevölkerung gezwungen, der Verelendung in eigener Verantwortung entgegenzutreten (vgl. Federn 1990: 26). Die Realisierung des Anliegens erfolgte zunächst durch die Ehegattinnen reicherer Bürger, die im Gießkannenprinzip Gelder an Ärmere und Ärmste verteilten. Dabei betrachteten die Geldgeber ihre Zahlung als Investition in Sicherheit vor Gaunern und Räubern sowie in Wahlstimmen (vgl. ebd.: 26f.). Die Tätigkeit der Damen spiegelt somit zunächst noch den disziplinierenden Charakter wider, der mit der oben dargelegten ursprünglichen Wortbedeutung von Supervision einhergeht (vgl. Kapitel 1.1). Die Geldvergabe glich einem zweckrationalen Akt, mit dem man versuchte, Bedürftige zu disziplinieren und deren Verhalten zum eigenen Nutzen zu verändern.

Das änderte sich sobald das Verfahren an die Grenze der Willkür stieß. Aus Protest gegen die „unkoordinierten und unwissenden Hilfsmaßnahmen" (Hürtgen–Busch 2000: 39) bildete sich 1877 die „Charity – Organisation – Bewegung", durch die die Angebote der freien Wohlfahrt gebündelt und koordiniert werden sollten. In der Folgezeit suchte man nach geeigneten Kriterien, die an die Geldvergabe gebunden waren und eine angemessene Formalisierung des Hilfeprozesses ermöglichten. Dazu wurden Erhebungsbögen ausgeteilt und analysiert, um die individuellen Lebenslagen der Hilfesuchenden zu klassifizieren. Die gewonnenen Erkenntnisse lehrte man Freiwilligen - „friendly visitors" (freundliche Besucher) genannt - die so vor ihrer praktischen Arbeit mit den Armen und Ärmsten eine theoretische Einführung in die Sozialarbeit erhielten. In diesem Zusammenhang entwickelte sich das „Casework",

---

2   In den USA wird unter dem Begriff Sozialarbeit jedes „soziales Wirken" subsumiert (vgl. Feder 1990: 30).

welches Mary Richmond (vgl. Richmond 1899) ausarbeitete und das gleichzeitig den Ursprung amerikanischer Sozialarbeit und Supervision bildete (vgl. Kadushin 1990: 13f.). Das „*Casework*" Konzept basiert auf einem „*friendly visitor*", der sich individuell auf die Bedürfnisse der ihm zugeteilten Familie einstellt und diese mit Rat und Tat unterstützt (vgl. Colcord/ Mann 1930). Dabei sollte das bedürftige Individuum weniger bevormundet als vielmehr zur Selbsthilfe animiert werden, wodurch Störungen gegenüber seiner Umwelt, bestimmten Gruppen und Personen behoben werden sollten (vgl. Weigand 1990: 45). Entgegen der früheren wahllosen finanziellen Unterstützung hieß das Motto der Wohlfahrtsorganisationen jetzt: „Nicht Almosen, sondern einen Freund!" (vgl. Kadushin 1990: 5)

Die Bemühungen um eine Professionalisierung sozialer Arbeit nahmen in den Folgejahren unter maßgeblicher Beteiligung von Mary Richmond weiter zu (vgl. Hürtgen-Busch 2000: 42). Zunächst wurden „*paid agents*", bezahlte Mitarbeiter, eingesetzt, die die Arbeit der freiwilligen „*friendly visitors*" kontrollieren sollten. Da aber im Zuge der Modernisierung die Komplexität der Probleme sozialschwacher Familien rasch anstieg, reichte die bloße Kontrolle der „*friendly visitors*" durch „*paid agents*" bald nicht mehr aus. Denn während ihrer Besuche bei den Bedürftigen wurden die „*friendly visitors*" mit immer stärkeren emotionalen Eindrücken konfrontiert, die sie zunehmend als starke Belastungen empfanden. Aus diesem Grunde sollten die „*paid agents*" die „*friendly visitors*" nun nicht mehr nur kontrollieren, sondern außerdem deren Beratung, Ausbildung und Motivation übernehmen und ihnen gegenüber idealerweise eine empathische Einstellung einnehmen (vgl. Kadushin 1990: 6ff.). Die „*paid agents*" wurden so zu einem Bindeglied zwischen den Vorständen der Wohlfahrtsorganisationen und den Praktikern („*friendly visitor*"). Sie nahmen die jeweiligen Interessen auf und vermittelten so einerseits den Vorständen die praktische Realität anderseits den Praktikern theoretisches Wissen (vgl. ebd.). Auch wenn die konkrete Bezeichnung Supervision noch nicht erwähnt wird, gilt die Arbeit der „*paid agents*" als erste Form praktizierter Supervision. Im Unterschied zu den Anfängen der Armutsbekämpfung und Arbeitsstruktur der beginnenden Sozialarbeit, zeichnete sich diese nun dadurch aus, dass das Element der Kontrolle, um die Aufgaben der Anleitung und Motivation erweitert wurde, wodurch schließlich Praxis und Theorie miteinander verbunden werden sollten (vgl. Federn 1990: 25ff.). Eine solche Definition von Supervision findet sich auch in nachfolgenden Jahren der Supervisionsentwicklung immer wieder (vgl. Kadushin 1990: 7). Ausgehend von den *Supervideren* der Antike und der Eigeninitiative der Besserverdienenden in den USA wurde damit in den vorangegangen Ausführungen der Wandel von der anfänglich negativ besetzten Bedeutung des Wortes Supervision zu einer positiv konnotierten Supervisionspraxis herausgearbeitet, welche im Weiteren näher zu betrachten ist.[3]

1.3 Entwicklungsverläufe: Theorie und Praxis im Feld der Supervision

In den Folgejahren breitete sich das Konzept der Supervision im Zuge der Professionalisierung sozialer Arbeit stetig aus. 1898 bot die „New York Charity Organization Society" ein sechswöchiges Schulungsprogramm an, das als Anfang einer professionellen Ausbildung in der Sozialarbeit angesehen wird und gleichzeitig den Grundstein der heutigen „Columbia University of Social Work" legte - 1911 findet ein erster Kurs über Supervision statt (vgl. Wieringa 1990: 39).

Zeitgleich stieg der Bedarf an ausgebildeten bezahlten Mitarbeitern proportional zum Wachstum der Städte, wodurch sich das Verhältnis von Freiwilligen und Professionellen zu Gunsten letzterer verkehrte (vgl. ebd.: 9). Damit nahm die Notwenigkeit der ständigen Akquirierung und Ausbildung neuer Freiwilliger durch bezahlte Mitarbeiter ab, und es etablierte sich ein fester Stab von Lehrsupervisoren („agent supervisors"), die die Ausbildung der „paid agents" übernahmen. Außerdem wurde das Existenzminimum durch die rooseveltsche Sozialgesetzgebung ab 1933 vom US-amerikanischen Staat an die Bedürftigen gezahlt[4], so dass die Geldvergabe aus dem Arbeitsbereich der Wohlfahrtsverbände entfiel.

Langsam entwickelte sich ein Berufsbild sozialer Arbeit, das von einer beratenden Tätigkeit geprägt war (vgl. Federn 1990: 38). Der damit verbundene Wissensfundus wuchs stetig an, so dass nun auch an höheren Schulen sowie den Fakultäten der Soziologie und Volkswirtschaftslehre Sozialarbeit als angewandte Soziologie angeboten werden konnte. 1910 gab es bereits fünf Hochschulen, an denen Ausbildungen für Berufe in der Sozialarbeit möglich waren. Die Durchführung der Lehre an diesen Einrichtungen übernahmen die „agent supervisors".

Einerseits bedeutete Supervision nun die an Hochschulen, von „agent supervisors", durchgeführte Lehre der Sozialarbeit, andererseits verband man mit

---

3 Zweifelsohne ist dies ein idealtypisches Konstrukt. Für eine stichhaltigere Rekonstruktion der Ausgangspunkte supervisorischer Praxis fehlen an dieser Stelle sowohl qualitative als auch quantitative Dokumentationen von Klienten, Praktikern, Supervisoren und Vorständen. Die Subjektivität der „Geschichtsschreibung der Supervision" zeigt sich am Beispiel der „friendly visitors". Kadushin beschreibt sie als Freiwillige, die sich im Auftrag der Wohlfahrtsorganisationen ganz persönlich um die Belange der Familien kümmerten. Federn sieht in ihnen hingegen Damen reicher amerikanischer Herren, die wahllos Gelder verteilten, um eigene Sicherheitsbedürfnisse zu sichern (vgl. Supervision 12/1990). Aufgrund der plausibleren Argumente folge ich hier Kadushin.
4 Federn weist darauf hin, dass damit aber keinesfalls die materielle Not der Inanspruchnehmenden gelöst war. Vielmehr ist soziale Armut in den Folgejahren konstant geblieben und sogar gestiegen (vgl. Federn 1990: 35).

Supervision die Praxisbetreuung der Sozialarbeiter („*paid agents"*), die ihnen bei der Bewältigung persönlicher Konflikte im Arbeitsfeld hilfreich sein sollte (vgl. ebd.: 13), wozu sich zunehmend die Psychoanalyse als methodisches Hilfsmittel anbot.

Der Einfluss der Psychoanalyse auf supervisorische Praxis nahm in dem Maße zu, wie die einseitige vom „*agent supervisor*" dominierte Lehre und Fallbesprechung durch ein wechselseitiges, reflexives Lernen zwischen „*agent supervisor*" und „*paid agent*" abgelöst wurde (vgl. Giesecke/ Rappe-Giesecke 1997: 24ff.). Insbesondere die aus Europa emigrierten Analytiker trugen zu dieser Entwicklung bei (vgl. Federn 1990: 28), wodurch eine wachsende Gleichstellung zwischen Supervisor („*agent supervisor*") und Supervisand („*paid agent*") erreicht werden sollte. „Supervision wurde als eine Art Beziehungstherapie gesehen wie das „Casework" für den [Bedürftigen]." (Kadushin 1990: 15f.)

Die wechselseitige Beeinflussung von Supervision, Sozialarbeit und Psychoanalyse in ihren Ursprüngen erscheint sehr verzweigt. Auch die vorhandene Literatur kann die Komplexität der Einflüsse nicht befriedigend darstellen, vielmehr interpretiert jede Profession[5] ob Supervision, Sozialarbeit oder Psychotherapie die Ursprünge supervisorischer Methoden auf eine eigene identitätstiftende Art und Weise (vgl. Wieringa 1990: 37). Unbestreitbar kann jedoch festgestellt werden, dass im Verlaufe der Methodenentwicklung immer wieder andere Inhalte supervisorischer Praxis, also Administration, Ausbildung und Unterstützung/ Betreuung, betont wurden. Stand zunächst der administrative Aspekt zu Beginn des „*Casework*" im Vordergrund, gewann in den 20er und 30er Jahren die Ausbildung unter therapeutischen Gesichtspunkten an Bedeutung, bevor dann in der Mitte des 20. Jahrhunderts Gruppenarbeit in den Vordergrund rückte. Der Begriff der Supervision verbreitete sich geradezu inflationär und wurde von immer unterschiedlicheren Einrichtungen und Professionen genutzt (vgl. Federn 1990: 28ff.). Supervision hielt Einzug in Schulen, Krankenhäusern, Bewährungshilfe, Psychologie und Psychiatrie. Dass diese Vielfalt eine einheitliche Definition von Supervision erschwerte ist evident. Erst vor rund 25 Jahren begann sich eine eigenständige Profession der Supervision zu formieren und sich als solche zu definieren (vgl. Supervision 2/2000). Dem ging jedoch zunächst die räumliche Ausbreitung der Supervision nach Europa voran.

---

5 Profession ist hier im Sinne eines eigenständigen Berufsbildes zu verstehen (vgl. Deutsche Gesellschaft für Supervision). Supervision ist bis zum heutigen Tage keine staatlich anerkannte Profession (vgl. Giesecke/ Rappe-Giesecke 1997: 24).

1.4 Die Ausbreitung supervisorischer Praxis in Deutschland

Nach 1945 findet das Konzept der Supervision durch zurückkehrende Emigranten langsam auch in Deutschland Beachtung. Dabei konzentrierte man sich zunächst auf Kleingruppen und Einzelfälle. Institutionelle und kulturelle Kontextbedingungen blieben in der sozialen Arbeit und der damit verbundenen Supervisionspraxis vorerst ausgeblendet (vgl. Weigand 1990: 44). Die weitere Entwicklung der Supervision in Deutschland kann mit Abstrichen als analog zu der oben beschriebenen US-amerikanischen beschrieben werden – über das *„Casework"* in die Lehre und schließlich zu einer eigenständigen Profession (vgl. ebd.: 43ff.). Die Bezeichnung Supervision war indes lange Zeit noch nicht allgemeingültig, vielmehr schwankte die Begrifflichkeit zwischen Praxisberatung und Praxisanleitung (vgl. Münch 2002: 75). Dora von Caemmerer bezeichnete die Funktion der Supervision in ihrem 1970 erschienen Buch „Praxisberatung (Supervision)" als Integration von Wissen und praktischem Tun, Förderung des beruflichen und methodischen Könnens, sowie die Entwicklung einer beruflichen Persönlichkeit (vgl. von Caemmerer 1970: 15). Unter Letzterem verstand sie die Entwicklung einer beruflichen Haltung, die Korrektur unreflektierter Verhaltensweisen und Förderung von Selbstwahrnehmung und Selbst-reflexion. Auch wenn Caemmerer den Faktor Organisation noch nicht in ihre Überlegungen einbezog, war ihre Definition fortschrittlich und wegweisend.

Mit Beginn der 80er Jahre setzte eine umfassende Debatte zwischen Psychotherapie, Gruppendynamik und Organisationsberatung ein, die bis zum heutigen Tag anhält. Also genau zwischen den Feldern sozialer Arbeit und Supervision die, wie oben gezeigt, von Beginn an unter wechselseitiger Beeinflussung standen, wenn auch ohne eine so deutliche Ausdifferenzierung (vgl. Rappe-Giesecke 2002: 55). Dass die Organisation als „Fakt", das heißt als schon ausgehandelte und institutionalisierte Kommunikation, den aktuell handelnden Akteuren gegenübersteht und auf deren Handlungs- und Kommunikationsmuster wirkt, brachte Weigand 1990 in die Debatte ein. Woraufhin er für einen Einbezug der Organisationsberatung in den supervisorischen Prozess plädierte (vgl. Weigand 1990).

Trotz des steigenden Interesses am Gegenstand Supervision, das nicht zuletzt der rasante Anstieg der Publikationen zum Thema widerspiegelt, sieht aber Schreyögg zu Beginn der 90er Jahre noch keine Konsistenz in der Diskussion (vgl. Schreyögg 1992: 1). Als Ergebnis käme man lediglich zu der Erkenntnis, dass Supervision eine Form der Beratung beruflicher Zusammenhänge ist. Ob dies durch Einzel-, Gruppen-, oder Teamsupervision erfolgen soll und ob supervisorische Praxis auf Theorien der Psychologie oder Soziologie und Sozialarbeit basiert, bleibt unformuliert (vgl. ebd.).

Mit ihrem Buch „Supervision – Ein integratives Modell" unternimmt Schreyögg (Schreyögg 1992) deshalb den Versuch, das methodische und theoretische Durcheinander zu ordnen. Auch wenn Münch konstatiert, dass trotz des gewaltigen Überbaus nicht viel Neues bei Schreyögg zu finden ist (vgl. Münch 2002: 80), bleibt festzuhalten, dass die Arbeit erstmals klar ausformuliert und vor allem strukturiert darlegt was Supervision ist und worauf sie basiert. Dabei führt Schreyögg vor Augen, dass Supervision zwar den unterschiedlichen Feldern Psychologie und Sozialarbeit entspringt, ihre derzeitige Identität aber aus der Fusion von Methoden beider Fachrichtungen beziehen kann. Während die Psychologie individualisierende und beziehungsorientierte Ansätze bietet, können von Sozialarbeit und Soziologie organisations- und kontextrelevante Erkenntnisse gewonnen werden (vgl. Schreyögg 1992), womit Schreyögg den interdisziplinären Charakter der Supervision hervorhebt. Schließlich beschreibt sie Supervision als eine Form der Beratung, die sich zum Ziel setzt eine Veränderung von Organisation, Kommunikation und Einstellungen zu erreichen (vgl. ebd.: 29f.). Zehn Jahre später kommt Rappe-Giesecke zu einem ähnlichen Schluss. Sie sieht in der Debatte um Supervision keine weitere Verwässerung der Inhalte, als vielmehr einen immensen Wissensfundus, der in die supervisorische Praxis eingehen sollte. Erst dann könne diese den ihr gegenüberstehenden überkomplexen gesellschaftlichen Phänomen gerecht werden (vgl. Rappe-Giesecke 2002). Gerade weil die gesellschaftlichen Zusammenhänge so überkomplex sind, bedarf es demnach eines Methodenpluralismus innerhalb der Supervision, um differenzierte Phänomene erkennen, erklären und verändern zu können (vgl. Schreyögg 1992: 43ff.).

Die Supervision hat sich damit von ihrer unmittelbaren Zugehörigkeit zur Sozialarbeit und Psychologie entbunden, und agiert zunehmend als eigenständiges Beratungskonzept in allen beratungsfähigen individuellen und gesellschaftlichen Systemen. Der Namenswechsel der ersten Zeitschrift für Supervision von *„Supervision – Zeitschrift für berufsbezogene Beratung in sozialen, pädagogischen und therapeutischen Arbeitsfeldern"* zu *„Supervision – Mensch Arbeit Organisation"*, kann als ein Indiz dieser Diagnose gelesen werden.

Mit dieser Entwicklung rückt ein neuer Aspekt in den Blickwinkel supervisorischer Praxis: Supervision erfolgt zunehmend als externe Intervention in ein bestehendes System. Daraus resultiert der Vorteil „blinde Flecken" (vgl. Scobel 1988: 76) innerhalb einer Organisation aufspüren zu können, die sich dem gewohnten Alltagsblick des Klienten (des eine Supervision Inanspruchnehmenden) entziehen und ein erfolgreiches Handeln[6] möglicherweise beeinträchtigen. Supervision hat demnach die Aufgabe Perspektiven zu eröffnen, um verdeckte Muster und Strukturen des Handelns bzw. Kommunizierens zu enthüllen (vgl. Rappe-Giesecke 2002: 60).

---

6 Unter erfolgreichem Handeln soll hier allgemein die Verwirklichung einer Handlungsintention verstanden werden.

Nach den vorangegangenen Ausführungen ist Supervision heute zunächst als eine Form der Beratung zu betrachten, die sich das Ziel setzt zu verändern. Wobei die Veränderung über die Um- oder Neustrukturierung von Handlungs- und Verhaltensmustern realisiert werden soll (vgl. Schreyögg 1992: 109).

1.5 Verlaufsskizze einer Supervision

Das praktisch-methodische Rüstzeug supervisorischer Praxis ist nicht Gegenstand der hier vorliegenden Arbeit, die es sich zum Ziel gesetzt hat, Supervision auf einer metatheoretischen Ebene strukturell zu begründen. Trotzdem ist es sinnvoll zumindest den Verlauf einer praktischen Supervision zu skizzieren, um einen Eindruck von dem zu erhalten, was ein Supervisor tut wenn er einen Supervisanden supervidiert. Schreyögg unterteilt den Prozess der Supervision in Anlehnung an die phänomenlogische Kreativitätsforschung, Psychotherapie und das Psychodrama in vier Abschnitte (vgl. Schreyögg 1992: 144f.). Diese zielen schließlich darauf ab, einen Menschen mit Hilfe eines professionellen Dialogpartners bei einem Veränderungsprozess zu unterstützen.

(A) Initialphase

Diese einleitende Phase soll dazu dienen eine sowohl fachliche als auch persönliche Verständigungsbasis zwischen Supervisand und Supervisor zu finden, um eine angemessene Problemartikulation des Supervisanden zu gewährleisten. Daraufhin treten beide Partner in einen Suchprozess ein, der den Fahrplan der Supervision grob strukturiert und in den bereits vorhandenes Wissen eingebracht wird. Dabei nimmt der Supervisor idealerweise eine empathische Einstellung ein, was es ihm ermöglichen soll die Perspektive des Supervisanden zu verstehen. Das Wahrgenommene wird vom Supervisor verarbeitet und strukturiert, so dass er gleichsam eines Katalysators durch neue Impulse die Selbstreflexion des Supervisanden anregt.

(B) Inkubationsphase

Der fortgeschrittene Suchprozess findet in einem nicht mehr nur rationalen Gedankenfeld statt. Das soll dem Supervisor über die Verwendung entsprechender Arbeitsformen gelingen, die es dem Supervisanden ermöglichen, tiefliegende Handlungs- und Einstellungsmuster reflexiv an das Oberbewusstsein zu übermitteln. „In dieser Phase ist die szenische Rekonstruktionsarbeit angesiedelt. Sie ist durch besonders dichte Erlebnisprozesse charakterisiert, die sich bei herabgesetzter Bewusstheit in vielfältigen unbewussten Aktivitäten des Supervisanden äußern."

(ebd.: 146f.). Im Idealfall endet diese Phase indem dem Supervisanden „ein Licht aufgeht". Das heißt er hat die Lage des Problems realisiert.

(C) Integrationsphase

Die in der vorangegangenen Phase gewonnen Erkenntnisse müssen sich nun in der innerpsychischen Realität des Supervisanden bewähren. Dabei soll ihn der Supervisor wiederum mit einer emphatischen Einstellung unterstützen und ihm so helfen, die gewonnen Erkenntnisse und Emotionen in seine eigenen personalen Deutungsmuster zu integrieren.

(D) Neuorientierungsphase

Schließlich muss die neu gewonnene innere Strukturierung auf ihre Praktikabilität in der äußerlichen Realität und Praxis geprüft werden. Dabei soll der Supervisand die neuen Perspektiven in seiner beruflichen Praxis einsetzen und verifizieren, wobei ihm auch hier der Supervisor unterstützend zur Seite steht.

Auch wenn dieser Prozessablauf nur am Rande auf den methodischen Inhalt einer Supervision verweist und auf eine Einzelsupervision ausgerichtet ist, genügt er, um vor Augen zu führen, was die Absicht supervisorischer Praxis ist - nämlich Veränderungsprozesse anzuregen und diese zu begleiten.

Eine Veränderung individueller, kollektiver sowie organisatorischer Einheiten kann auf unterschiedliche Art und Weise erreicht werden, wozu der Supervisor in seinem beratenden Tun auf die verschiedensten Instrumente zurückgreifen kann, die ihm der vorhandene Methodenpluralismus bietet (vgl. Schreyögg 1992: 43ff.). Je nach Bedarf und Notwendigkeit muss er dann zwischen Einzel-, Gruppen-, und Teamsupervision wählen und Methoden der Psychoanalyse, Gruppendynamik, systemischen Therapie, Kommunikationslehre und Organisationsberatung reflexiv in den Supervisionsprozess einbinden. Dabei können ihm metatheoretische Überlegungen aus Soziologie, Psychologie und Philosophie behilflich sein (vgl. Giesecke/ Rappe-Giesecke 1997: 41f.).

Die grundsätzliche Handlungsorientierung eines professionellen Supervisors ist nicht weniger aber eben auch nicht mehr, als der professionelle intersubjektive Dialog mit dem Supervisanden, womit auch der Arbeitsinhalt supervisorischer Praxis auf einen kurzen prägnanten Punkt gebracht ist (vgl. Schreyögg 1992; Hege, Giesecke 2002).

Aus dieser allgemeinen Beschreibung geht ein Wort hervor, das für die Profession der Supervision entscheidend ist und supervisorische Praxis von einer Problembewältigung in Alltagsgesprächen im Kreis von Freunden und Bekannten unterscheidet – professionell (vgl. Kapitel 4). Eine professionelle Supervision erfolgt über die Nutzung des oben gezeigten Methodenpluralismus, den der professionelle Supervisor in reflexiver Art und Weise in den Beratungsprozess einbringt und der ihn sowohl vom Laien als auch vom Coach, Organisationsberater und Psychologen unterscheidet (vgl. DGSv 2006)[7]. Schließlich grenzt sich Supervision idealtypischerweise durch die Umgebung in der sie stattfindet vom Alltagsgespräch ab. Schreyögg bezeichnet diese als „Schonraum Supervision" (Schreyögg 1992: 106), in dem der Handlungsdruck der Alltagspraxis entfällt, für Hege ist Supervision der Ort des Nachdenkens (vgl. Hege 2002: 33).

1.6 Ausblick: Supervision im Kontext der vorliegenden Arbeit

Aus den vorangegangenen Darstellungen wird ersichtlich, dass Supervision keine Erfindung der vergangenen 20 Jahre ist, sondern ihren Ursprung in der nordamerikanischen Sozialarbeit zu Beginn des 20. Jahrhunderts besitzt. Gleichwohl wurde Supervision im weiteren Verlauf ihrer Entwicklung von verschiedensten Strömungen sozialer Arbeit beeinflusst und aufgegriffen, so dass die Supervision als Profession heute auf einen umfangreichen Methodenpluralismus zurückgreifen kann, der ihr im praktischen Handeln zur Verfügung steht.

Die Profession der Supervision und deren praktisches Handeln ist Gegenstand der vorliegenden Arbeit, welche im Weiteren den Versuch unternimmt, Supervision strukturell zu begründen. Wenn Supervision das Wissen über Beziehungen ist (vgl. Wittenberger 1984), dann sollte die „Theorie des kommunikativen Handelns" supervisorischer Praxis als Theorie dienen können. Sie zeigt einerseits warum Sprache fundamentales Element der Kommunikation ist, das Beziehungen stiftet und strukturiert, anderseits macht sie deutlich, dass gerade vor dem sensiblen Hintergrund der Kommunikation Missverständnisse entstehen können. Die reflexive Auflösung kommunikativer Missverständnisse ist freilich die Aufgabe, die sich die Profession der Supervision zum Ziel setzt. Im Folgenden soll dem Leser die gedankliche Nähe zwischen Supervision und habermas'scher Theorie vor Augen geführt werden. Dazu werden zunächst die für dieses Vorhaben relevanten Teile der „Theorie des kommunikativen Handelns" erläutert, um im Anschluss daran einen Versuch der Theoriesynthese zu unternehmen.

---

7 vgl.: Deutsche Gesellschaft für Supervision (http://www.dgsv.de)

2. Jürgen Habermas – Theorie des kommunikativen Handelns

Mit seinem Hauptwerk der „Theorie des kommunikativen Handelns"[8] verfolgt Jürgen Habermas vier Ziele (vgl. Joas/ Knöbl 2004: 322). Erstens sucht er nach einem Konzept von Rationalität, das weitergeht, als das bloße Verständnis eines ausgewogenen Verhältnisses zwischen gegebenen Mitteln und zu erreichenden Zwecken. Zweitens möchte er im Anschluss daran die gewonnenen Erkenntnisse nutzen, um vorhandene Handlungstheorien zu reformulieren und begrifflich zu präzisieren. Drittens versucht Habermas seine entwickelte Idee sozialen Handelns, mit einem gesellschaftlichen Ordnungsmodell zu verbinden, das es ihm erlaubt System- und Handlungstheorie miteinander zu verknüpfen. Viertens dient ihm seine entwickelte Theorie für eine Zeitdiagnose, in der er einerseits auf gesellschaftliche Missstände, andererseits auf ein enormes Potenzial der Spezies Mensch verweist, das es ermöglichen soll die diagnostizierten Missstände erfolgreich zu lösen. Das Potenzial sieht Habermas in der Fähigkeit des Menschen begründet, qua Sprache kommunizieren zu können.[9] Damit geht für ihn die Erkenntnis einher, dass erst das gesellige Zusammensein einen Menschen zu der Person macht, die er ist (vgl. Habermas 2005: 17). Das Individuum ist somit auf Kommunikation angewiesen und reproduziert sich über sie. Diese trivial anmutenden Einsichten bilden die treibenden Kräfte im habermas'schen Denken und setzen zugleich den intuitiven Horizont, vor dem Habermas die „Theorie des kommunikativen Handelns" entfaltet.

Für die Praxis der Supervision ist die „Theorie des kommunikativen Handelns" nun insofern interessant, als dass Habermas darin zeigt, wie über Kommunikation und das Verständnis ihrer Logik psychische, soziale und organisatorische Handlungsbeeinträchtigungen aufgeklärt und überwunden werden können.

Um das nachzuweisen, ist es zunächst notwendig, den habermas'schen Rationalitätsbegriff darzulegen (2.1), bevor im Weiteren die von Habermas entwickelte Handlungstypologie betrachtet werden kann (2.2). Ein daran anschließender Exkurs erläutert die Verbindung von Handlungs- und Systemtheorie über das habermas'sche Verständnis von Lebenswelt und System (2.3.). Unter der Überschrift „Kommunikatives Handeln und Lebenswelt" folgt eine ausführliche Erklärung des von Habermas erarbeiteten Verständigungskonzepts (2.4), der eine Erläuterung des Begriffes „strategischer Handlungen" folgt (2.5). Schließlich mündet die inhaltliche Aufarbeitung der „Theorie des kommunikativen Handelns", die in Anbetracht des

---

8 Im Folgenden wird für die 1981 erschienene zweibändige Ausgabe der Theorie des kommunikativen Handelns die Zitation TKH Bd.1 und TKH Bd.2 verwendet.

9 Eine ungewohnt persönliche Schilderung der Ursachen des besonderen Interesses an Kommunikation gibt Habermas in seinem Buch „Zwischen Naturalismus und Religion" (vgl. Habermas 2005: 15). Darin macht er deutlich, dass ihm seine Sprachbehinderung vor Augen führte, was es bedeutet nicht kommunizieren zu können.

Umfangs dieser Analyse nur skizzenhaft sein kann, in einer Darlegung „kommunikativer Pathologien" (2.6) und einem Ausblick, der die habermas'sche Theorie in den
Kontext meiner Überlegungen setzt (2.7).

2.1 Das habermas'sche Rationalitätsverständnis

Fluchtpunkt der Überlegungen zu einem umfassenden Verständnis von Rationalität
bildet für Habermas die Frage: „Wie die heute noch naturwüchsige Beziehung
zwischen technischem Fortschritt und sozialer Lebenswelt reflektiert und unter die
Kontrolle einer rationalen Auseinandersetzung gebracht werden kann." (Habermas
1968: 107) Dabei gehen mit dieser Problemstellung zwei zentrale Kräfte einher, die
Habermas als essenziell für die gesellschaftliche Entwicklung erachtet - Arbeit und
Kommunikation (vgl. Habermas 1986: 370). Um diesen beiden Komponenten gerecht zu
werden, entwickelt er im Anschluss an Weber, aber im Gegensatz zu dessen zweckrationalem Rationalitätsverständnis (a), einen kommunikativen Rationalitätsbegriff (b).

(a) Nach Ansicht von Habermas analysierte Weber die Rationalisierung der
westlichen Welt in der Dimension materieller Reproduktion (vgl. Weber 1972: 815ff.;
TKH Bd.1: 332ff.). Die Begriffe Rationalisierung, Reproduktion und Welt verweisen
in diesem Zusammenhang auf einen Prozess der Nutzbarmachung und zunehmenden
Kontrolle natürlicher Erscheinungen zum Zwecke erfolgreicher, effizienter Hand-
lungsergebnisse. Im Zuge der Moderne geht für Weber mit dieser Entwicklung die
Entzauberung mythischer Weltbilder und die Institutionalisierung zweckrationalen
Handelns einher - ein Prozess, der schließlich in der Ausdifferenzierung der Wert-
sphären Wissenschaft, Recht, Moral, Kunst und Kritik mündet (vgl. Weber 1995: 14;
TKH Bd.1: 332ff.). Die Analyse dieses Prozesses wendet sich dabei in eine kritische
Betrachtung, sobald die Folgen der Rationalisierung der ursprünglichen Intention
entgegenstehen. War die Moderne aufgebrochen, um mit Hilfe immer rationalerer
Verfahren Vernunft, Freiheit und Wohlstand in einer vollkommenen Welt zu
verteilen, steht sie am Ziel vor dem Paradox unvernünftige Ergebnisse vorzufinden
(vgl. Baumann 2003). „Für Weber endet der Siegeszug der formalen Rationalität im
stahlharten Gehäuse der Hörigkeit der Bürokratie." (Gripp 1986: 77f.)

Freiheits- und Sinnverlust werden als Endprodukte der Rationalisierung identifiziert. Erstgenanntes erklärt sich durch eine immer umfassendere Organisation von
Arbeitsprozessen. Letzteres resultiert aus der fehlenden Integrationskraft identitäts-
stiftender mythischer Erzählungen (vgl. ebd.).

(b) Habermas erscheint diese Betrachtungsweise zu verkürzt. Er schreibt sie einer
Tradition zu, die sich am Ende in einer widersprüchlichen, totalisierenden und
vernichtenden Kritik an gesellschaftlichen Entwicklungstendenzen verstrickt (vgl.

Habermas 1998: 175). Demgegenüber ist im Verlaufe der Moderne aber wirklich etwas besser geworden, nämlich die Freisetzung kommunikativer Fähigkeiten zum Zwecke eines intersubjektiven Dialoges (vgl. Habermas 1981b). Um das zu begreifen, erachtet es Habermas als notwendig, neben dem am Zweck orientiert handelnden Subjekt, das Objekte erkennt und beherrscht, intersubjektive Aspekte der Handlungskoordinierung mittels Kommunikation über Sprache in die theoretischen Überlegungen einzubeziehen (vgl. Habermas 1979: 106ff.). Ein solcher Perspektivwechsel, dessen Ursprung die humboldtsche Sprachphilosophie bildet, geht mit einem veränderten Verständnis von Subjektivität einher. Subjektivität ist danach nicht mehr im Modus „einsam" zweckrational handelnder Akteure zu betrachten, die sich eine objektiv gegebene Welt zu Eigen machen. Vielmehr schaffen sich kommunikativ handelnde Akteure erst über sprachliche Verständigung[10] eine intersubjektiv geteilte „objektive" Welt und tauschen sich interpretierend über diese aus (vgl. Habermas 1995: 187ff.; TKH Bd.1: 532).

Im Anschluss an Humboldt, Wittgenstein, Durkheim, Mead und Garfinkel betrachtet Habermas damit Verständigung als den Mechanismus intersubjektiver Handlungskoordinierung, der den Akteur gleichzeitig vergesellschaftet und individuiert (vgl. Habermas 1986: 332ff.; 1968: 16). Weiterhin versteht er gesellschaftliche Entwicklung als einen zweistufigen Rationalisierungsprozess (vgl. Habermas 1968: 107). Einerseits als am Zweck orientierte, materielle Reproduktion, andererseits als kommunikative Rationalisierung, durch die sich Kultur, Gesellschaft und Person reproduzieren (vgl. Habermas 1995: 595). Somit bilden Reproduktionszwang und Sozialitätszwang zwei konstitutive Interessen, im Rahmen derer die Gattung Mensch ihr Leben erhält (vgl. Gripp 1986: 28).

Die „Theorie des kommunikativen Handelns" soll somit zunächst ein Konzept der Rationalisierung vorlegen, das in der Lage ist, die bisher verengte und auf die Dimension der Zweckrationalität beschränkte Darstellung gesellschaftlicher Rationalisierungstendenzen adäquater zu fassen. Damit sollte es dann möglich sein zu zeigen, wie die „Vernunft der Sprache" im Zuge der kommunikativen Rationalisierung immer deutlicher hervortritt (vgl. Habermas 1995: 497ff.). Infolgedessen würden „Quasinatürlichkeiten" in Form scheinbarer Tatsachen, wie symbolische Praktiken, Normen und Hierarchien zunehmend weniger unhinterfragt vollzogen werden, sondern in einem intersubjektiven Diskurs auf ihre Plausibilität, Praktikabilität und damit einhergehenden Gerechtigkeitsvorstellungen überprüft werden können (vgl.

---

10 Wie sich im Verlaufe der Arbeit zeigen wird, versteht Habermas unter Verständigung eine Sprechhandlung, die an universelle Geltungsansprüche gebunden ist. Will ein Akteur erfolgreich an einer Kommunikation teilnehmen, muss er folgende Geltungsansprüche erheben: sich verständlich *ausdrücken, etwas* zu verstehen geben, *sich* dabei verständlich zu machen und sich *miteinander* zu verständigen (vgl. Habermas 1995: 233).

ebd.: 604ff.).[11] Um das zu bewerkstelligen, teilt Habermas soziales Handeln im Weiteren in kommunikative und zweckrationale Handlungen.

2.2 Die habermas'sche Handlungstypologie – kommunikatives versus zweckrationales Handeln

Für die vorliegende Arbeit ist die Unterscheidung in zweckrationales (a) und kommunikatives Handeln (b) von besonderer Bedeutung, da wie im Kapitel 3 noch zu zeigen ist, die Wechselwirkungen der differenzierten Typen sozialen Handelns auch im Mittelpunkt supervisorischer Praxis stehen. Außerdem werden die folgenden theoretischen Begrifflichkeiten in den empirischen Teil dieser Forschungsarbeit eingehen, der sich zum Ziel setzt, die „soziale Wirklichkeit" (vgl. Kapitel 4) einer professionellen Radsportmannschaft zu rekonstruieren.

a) Zweckrationales Handeln definiert Habermas als ein Handeln, das daran orientiert ist ein bestimmtes Ziel zu einem bestimmten Zweck mit Hilfe geeigneter Mittel zu erreichen. Er unterteilt weiter in instrumentelle und strategische Handlungen, die als spezifizierende Handlungstypen zweckrationalen Handelns zu verstehen sind (vgl. TKH Bd.1: 384f.).

Instrumentelles Handeln zielt auf die Beeinflussung eines Objekts. So handelt ein Bäcker instrumentell wenn er den Teig zu Brot verarbeitet. Für die vorliegende Arbeit sind instrumentelle Handlungen nicht von Bedeutung, da sie keine sozialen Handlungen darstellen, gleichwohl ist zu bedenken, dass sie mit solchen einhergehen können (vgl. ebd.). Strategisch hingegen ist eine Handlung dann zu nennen, wenn das Ziel der Beeinflussung nicht mehr ein Objekt sondern ein weiteres Subjekt ist. Strategische Handlungen zielen darauf ab, ein rationales Gegenüber in seiner Entscheidung zu beeinflussen, woraus folgt, dass sie soziale Handlungen sind (vgl. Kapitel 2.5). Wenn sich Versicherungsverkäufer A nach dem Gesundheitszustand seines vermeintlichen Klienten B erkundigt, tut er das in der Regel nicht aus bloßem Interesse an Verständigung, vielmehr wird er die gewonnen Informationen für seine wirtschaftlichen Ziele nutzen. A agiert damit in erster Linie strategisch und ist am Erfolg orientiert.

---

11 An dieser Stelle ist darauf zu verweisen, dass Habermas mit seiner Diskursethik keine utopische Idee einer vollkommen transparent werdenden Welt im Sinne hat (vgl. Habermas 1995: 500f.). Vielmehr geht es ihm darum zu zeigen, dass das Ideal des Diskurses in jeder Alltagskommunikation implizit angelegt ist, was in den nachfolgenden Ausführungen zu zeigen sein wird.

(b) Wie weiter oben skizziert, greift für Habermas das bloße Rationalitätsverständnis im Sinne einer Zweck-Mittel Kalkulation zu kurz. Darüber hinaus sieht er mit dieser Auffassung den dargelegten zweckrationalen Handlungsansatz verknüpft, der ihm ebenso verkürzt erscheint, weil er lediglich den teleologischen Handlungsaspekt einbezieht und den der sozialen Interaktion vernachlässigt bzw. zweckrational präjudiziert (vgl. TKH Bd.1: 369). Die Folge davon sei eine eingeschränkte Sicht auf die Spannbreite sozialen Handelns, so dass Verständigung nur als wechselseitige Einwirkung zweier zweckrational handelnder Subjekte zu begreifen ist, wie Habermas an Weber (vgl. Weber 1972: 1ff.) bemängelt.[12]

> Diese erste Weichenstellung trennt Weber von einer Theorie des kommunikativen Handelns: nicht die auf sprachliche Verständigung verweisende interpersonale Beziehung zwischen mindestens zwei sprach- und handlungsfähigen Subjekten gilt als fundamental, sondern die Zwecktätigkeit eines einsamen Handlungssubjekts. (TKH Bd.1: 377f.)

Habermas hingegen erachtet die an Verständigung orientierte soziale Interaktion zur Gewährleistung der Handlungskoordinierung für die gesellschaftliche Entwicklung als ebenso bedeutsam, wie die bloße Konsequenzorientierung an zweckrationalem Interesse. Deshalb erweitert er den zweckrationalen Handlungsbegriff um den des kommunikativen Handelns und unterteilt soziales Handeln in zwei Kategorien, die jeweils differenzierten Koordinierungsmechanismen gehorchen. Einerseits zweckrationales Handeln, welches an Einflussnahme und Erfolg orientiert ist. Anderseits kommunikatives Handeln, welches an Verständigung mit dem Ziel von Einverständnis orientiert ist. Diese Einteilung will Habermas nicht nur als unterschiedliche Beschreibungsmöglichkeiten ein und derselben Handlung verstanden wissen, vielmehr soll klar werden, dass Akteure zwei grundlegend verschiedene Handlungseinstellungen einnehmen können, die Handlungen unterscheidbar machen. Hier handelt der Akteur am Erfolg orientiert, dort ist er an Verständigung interessiert (vgl. TKH Bd.1: S 385ff). Konsequenterweise nennt Habermas nun Handlungen kommunikativ, die nicht primär auf eigennützigen Berechnungen basieren, sondern über Akte der Verständigung koordiniert werden.

> Im kommunikativen Handeln sind die Beteiligten nicht primär am eigenen Erfolg orientiert; sie verfolgen ihre individuellen Ziele unter der Bedingung, dass sie ihre Handlungspläne auf der Grundlage gemeinsamer Situationsdefinitionen aufeinander abstimmen können. Insofern ist das Aushandeln von Situationsdefinitionen ein wesentlicher Bestandteil der für kommunikatives Handeln erforderlichen Interpretationsleistungen. (TKH Bd.1: 385)

---

12 Habermas verweist auf „offizielle" und „inoffizielle" Ansatzpunkte Webers zur Erklärung der Rationalisierungstendenzen von Handlungen. Erstere Version beschränkt sich auf die zweckrationale Dimension, letztere stellt die Frage ob sich noch andere rationalisierungsfähige Aspekte des Handelns finden, die sich reflexiv zu einander verhalten (vgl. TKH Bd.1: 379).

Habermas spezifiziert kommunikatives Handeln in drei weitere Untergruppen: erstens Konversation, zweitens normenreguliertes und drittens dramaturgisches Handeln (vgl. Habermas 1995: 580). Drei Handlungstypen die sich wechselseitig zu einer kommunikativen Praxis und damit zum kommunikativen Handeln ergänzen, welches darauf angelegt ist, vor dem lebensweltlichen Hintergrund die Erzielung, Erhaltung und Erneuerung eines Konsenses zu gewährleisten (vgl. TKH Bd.1: 37). Ein Konsens der schließlich auf kritisierbaren, intersubjektiven Geltungsansprüchen beruht, die auf der Suche nach einer gemeinsamen Situationsdefinitionen in den Verständigungsprozess eingebracht werden.

Der Wechsel von einem zweckrationalen Rationalitäts- und Handlungsbegriff der schließlich in einem teleologischen Vernunftverständnis mündet, zu einer kommunikativen Vernunftauffassung bei Habermas, wird jetzt insofern deutlich, als dass Habermas verständigungsorientiertes Handeln als den Originalmodus allen sozialen Handelns bezeichnet (vgl. TKH Bd.1: 388f). Das bedeutet indes nicht, dass Habermas den zweckrationalen Aspekt verneint, im Gegenteil, er bezeichnet ihn sogar als fundamental für jeden Handlungstyp. Entscheidend sei aber, wie die Ziele verfolgenden Akteure ihre Handlungen koordinieren, dass heißt über erfolgs- oder verständigungsorientiertes Handeln (TKH Bd.1: 150f.).

2.3 Exkurs: Die Verbindung von Handlungs- und Systemtheorie
Lebenswelt und System

Die Trennung in Lebenswelt und System ist für die „Theorie des kommunikativen Handelns" ein weiterer elementarer Baustein. Freilich ist sie nur eine theoretische Trennung, die zwei unterschiedliche Perspektiven auf ein und dieselbe Gesellschaft gestattet. Habermas erreicht damit jedoch zwei Dinge: Einerseits ermöglicht die theoretische Konstruktion, Handlungs- und Systemtheorie miteinander zu verbinden, andererseits kann sie differenzierte gesellschaftliche Integrationsmechanismen fassen.

Für Habermas vollzieht sich die symbolische Reproduktion der Lebenswelt (Kultur, Gesellschaft, Person) in erster Linie im Modus der Sozialintegration für die das Konsensprinzip konstitutiv ist (vgl. Habermas 1995: 595). Der Aufbau größerer Organisationen und Institutionen hingegen organisiert sich nach Prämissen der Systemintegration, welche sich in Macht- und Tauschregeln ausdrücken. Lebenswelt (Sozialintegration) und System (Systemintegration) basieren somit auf unterschiedlichen Ordnungsmodellen, denen idealtypischerweise[13] verschiedene Handlungstypen

---

13 Die Begriffe idealtypisch, idealtypischerweise werden nachfolgend im Sinne Webers verwendet. Weber definiert den Begriff des Idealtypus als eine soziologische, verdichtende Idealkonstruktion sozialen Handels, die der Beschreibung „sozialer Wirklichkeit" dient, wobei diese Idealkon-

zugeordnet werden können. Kommunikatives Handeln ist für die Lebenswelt paradigmatisch, zweckrationales Handeln steht dagegen in erster Linie für das System (vgl. Habermas 1986: 379f.). Die Trennung in Lebenswelt und System hat eine ausgedehnte Kontroverse hervorgerufen, insbesondere die vermeintliche Zuordnung von kommunikativem und zweckrationalem Handeln zu je einem Modell (vgl. Honneth/ Joas 1986). Habermas selbst gibt keine eineindeutige Definition. Vielmehr ist sein Begriffsverständnis in einen stetigen, intersubjektiv reflektierten Prozess der Erweiterung und Spezifizierung eingebunden, der es ihm beispielsweise ermöglicht kommunikatives Handeln heute als ein „Sprachspiel verantwortlicher Urheberschaft" (Habermas 2006) zu bezeichnen.

An dieser Stelle möchte ich meine Interpretation der habermas'schen Texte darlegen. Im Gegensatz zu Gripp halte ich es für problematisch, alles soziale Handeln der Lebenswelt zuzuweisen (vgl. Gripp 1986: 94), denn damit würde das normative Moment der Unterscheidung in Lebenswelt und System verschleiert werden. Betrachtet man das System im Sinne Luhmanns (vgl. Luhmann 1987) als eine analytische Perspektive in der für Menschen kein Platz ist, wäre Gripps Annahme noch verständlich, denn fehlende Menschen schließen soziales Handeln im habermas'schen Sinne aus.[14]

Der habermassche Systembegriff birgt jedoch sowohl analytische als auch normative Komponenten die sich miteinander verschränken. Diese Interpretation macht es möglich das System einerseits als analytisches Mittel der Systemtheorie, andererseits als Korrelat der materiellen Reproduktion, welche in erster Linie mit zweckrationalem Handeln einhergeht, zu begreifen. Unter dieser Prämisse nimmt Habermas sowohl eine analytische, als auch eine normative Untersuchung der Wechselwirkungen von System und Lebenswelt vor, die er unter der Überschrift „Entkopplung von System und Lebenswelt" ausführt (vgl. TKH Bd.2: 229). Als analytisches Instrument wird der Systembegriff in dem Maße relevant, in dem sich das zweckrationale Handeln der materiellen Reproduktion immer weniger über eine Handlungstheorie, als über die Systemtheorie erklären lässt. Das ist der Fall, wenn Handlungszusammenhänge nicht mehr fortwährend interaktiv koordiniert und sprachlich ausgehandelt werden, sondern in Form von Macht- (Bürokratie) und Tausch-

---

struktionen in reiner Form in der Realität kaum auftreten. Sie dient jedoch dank ihrer Trennschärfe und Eindeutigkeit der Klassifikation und stichhaltigen Beschreibung realer gesellschaftlicher Phänomene (vgl. Weber 1972: 8ff.).

14 In einem Interview mit dem Radio Bremen entgegnete Luhmann der Frage, welche Systeme und Teilsysteme der Gesellschaft für den Menschen gut und welche schlecht seien: „Menschen, welche Menschen?". (vgl. http://www.radiobremen.de/online/luhmann/realitaet_der_massenmedien.pdf) (...) „Der Mensch mag für mich selbst oder für Beobachter als Einheit erscheinen, aber er ist kein System. Erst recht kann aus einer Mehrheit von Menschen kein System gebildet werden." (Luhmann 1987: 67f.)

mitteln (Geld) institutionalisiert wurden und eigenen funktionalen Logiken gehorchen (Habermas 1995: 576ff.). Infolgedessen stehen sie dem Akteur zunehmend als verselbstständigtes System gegenüber, auf das er keinen vollständigen Einfluss mehr ausüben kann. Soziales Handeln ist aus dieser Perspektive nicht mehr vorhanden. Das ändert sich, sobald das System der Gesellschaftsbeschreibung als normatives Instrument dient. Geld und Macht sind dann Mittel für zweckrationale Handlungsziele, die idealtypisch der materiellen Reproduktion zugeschrieben werden können. Unter normativen Gesichtspunkten ist der Begriff System das Äquivalent materieller Reproduktion, welche der Lebenswelt und deren kommunikativer Alltagspraxis entgegensteht. Daraus folgt, dass der Systembegriff im normativen Kontext mit zweckrationalen und damit sozialen Handlungen einhergeht. Die materielle Reproduktion (Arbeit) gehorcht so vordergründig den Gesetzen des Systems, die symbolische Reproduktion (Sozialität) hingegen verläuft im Rahmen der Lebenswelt. Im Weiteren können dann die Wechselwirkungen von System und Lebenswelt, Arbeit und Sozialität sowie zweckrationalen und kommunikativen Handlungen untersucht werden (vgl. Kapitel 5). Dazu verwendet Habermas normative und systemische Aspekte des Systems nicht strikt getrennt voneinander, vielmehr ergänzen sich beide Perspektiven fließend. Daraus folgt, dass sich in der Lebenswelt systemische Mechanismen zeigen, so wie sich im System lebensweltliche Momente finden (vgl. Habermas 1986: 381). Entscheidend ist, welcher Handlungstyp über den jeweils anderen dominiert und welche Konsequenzen daraus resultieren. Zweckrationales Handeln ist dann beispielhaft für die materielle Reproduktion, kommunikatives Handeln dagegen für die Lebenswelt, wobei beispielhaft eben nicht ausschließlich heißt (ebd.: 388; vgl. Kapitel 5.6).

2.4 Kommunikatives Handeln und Lebenswelt

Wenn für Habermas allem sozialen Handeln verständigungsorientiertes Handeln als Originalmodus zu Grunde liegt, muss geklärt werden, wie er die Unterscheidung in kommunikatives (verständigungsorientiertes) und strategisches (erfolgsorientiertes) Handeln präzisiert. Dazu ist es notwendig die habermas'schen Ausführungen zur Pragmatik[15] zu skizzieren, um schließlich zu verstehen, was wir tun wenn wir verständigungsorientiert handeln.

---

15 Habermas nutzt die Begriffe Formal- und Universalpragmatik, umfassende Erläuterungen dazu finden sich in den „Vorstudien und Ergänzungen zur Theorie des kommunikativen Handelns". Die Formalpragmatik setzt sich mit grammatikalischen Voraussetzungen des Sprechaktes auseinander. Die Universalpragmatik behandelt intersubjektive Aspekte von Sprechakten, aus denen die allgemeinen Strukturen möglicher Redesituationen hervorgehen (vgl. Habermas 1971: 102; 1995:

Habermas geht davon aus, dass soziales Handeln in die Logik der Sprache eingebettet ist. Jedoch ist Sprache nicht mit sozialem Handeln identisch, vielmehr ist sie ein Medium zur Koordinierung sozialer Handlungen, das unweigerlich mit Verständigung verknüpft ist. „Verständigung wohnt als Telos der menschlichen Sprache inne." (TKH Bd.1: 387) Wenn wir uns verständigen, tun wir das über Sprache und Sprache dient der Verständigung, beide Faktoren erklären sich wechselseitig. Unter Rückgriff auf Austin[16] versucht Habermas mit Hilfe der Pragmatik die allgemeinen Bedingungen zu ergründen, die dafür verantwortlich sind, dass sprachlich vermittelte Verständigung gelingt. Dabei ist die Untersuchungsmethode eine rekursive, da die Regeln der Verständigung im Nachhinein rekonstruiert werden. Verständigung als Prozess ist hingegen immer schon ein funktionierender Akt. Die Pragmatik hat also jenen grammatikalischen und intersubjektiv geteilten Bauplan der Verständigung zu ergründen, über den kompetente Interaktionsteilnehmer immer schon intuitiv verfügen, wenn sie soziale Handlungen über sprachliche Verständigung koordinieren. Habermas nennt dies die *kommunikative Kompetenz* von Interaktionsteilnehmern (vgl. Habermas 1995: 91).

Kleinste Einheit im Prozess der Verständigung ist der einzelne Sprechakt, der zugleich den Ausgangspunkt der habermas'schen Überlegungen bildet. Davon ausgehend breitet Habermas das Konzept der Lebenswelt aus, welches schließlich in dem Entwurf einer umfassenden Gesellschaftstheorie mündet (vgl. TKH Bd.1.: 376ff.). Da Habermas die allgemeinen Bedingungen für eine funktionierende Verständigung herausarbeiten möchte, muss er die „Urform" des Sprechaktes untersuchen (vgl. Habermas 1995: 200ff.). Diese gewinnt er unter Berücksichtigung bestimmter Vorannahmen (vgl. Horster 1990: 34f.).

- Es sind nur solche Sprechakte relevant die in kommunikativen Handlungen eingebettet sind, strategische Handlungen bleiben zunächst unberücksichtigt.
- Nur sprachliche kommunikative Handlungen sind von Bedeutung.
- Der für die Untersuchung interessante Sprechakt besitzt eine Doppelstruktur. Er enthält sowohl einen kommunikativen, beziehungsstiftenden (*illokutiven*), als auch einen inhaltlichen (**propositionalen**) Teil. Beispiel: *Wir treffen uns* **morgen um 8 Uhr zum Training.**
- Der Sprechakt soll propositional ausdifferenziert sein. Das heißt der propositionale Teil des Sprechaktes muss für sich allein stehen können und somit zum illokutiven Aspekt invariant bleiben. Beispiel: *Wir treffen uns* **morgen um 8 Uhr zum Training**.

---

91). Nachfolgend verwende ich allgemein den Begriff Pragmatik. Eine weitere Differenzierung ist für die vorliegende Arbeit nicht relevant.
16 J.L. Austin (1962): *How to do things with words*, Oxford: Clarendon Press

- Der inhaltliche Aspekt: **morgen um 8 Uhr zum Training**, bleibt invariant zum Beziehungsaspekt, *wir treffen uns*. Dabei kann der inhaltliche Teil nun mit unterschiedlichen kommunikativen Möglichkeiten gekoppelt werden. Beispiel: *Ich verlange von Dir*, **morgen um 8 Uhr zum Training zu kommen.**

Die vorangegangenen Punkte ermöglichen so einen kontextunabhängigen und institutionell ungebundenen Sprechakt. Das heißt, der Sprechakt ist explizit durch allgemein verbindliche Normen zu verstehen und nicht durch spezifische, institutionell gebundene Normen bestimmt. Entscheidend für den habermas´schen Theorieansatz ist die Doppelstruktur des Sprechaktes, also einerseits dessen inhaltlicher Aspekt, andererseits dessen beziehungsstiftender und damit kommunikativer Teil (vgl. Habermas 1995: 407). Für die „Theorie des kommunikativen Handelns" ist der illokutive Teil von besonderer Bedeutung. Der illokutive Abschnitt des Sprechaktes ermöglicht die interpersonale Beziehungsaufnahme eines Sprechers A zu einem Hörer B.

Diese Aussage ist fundamentale Quelle des habermas´schen Gedankenflusses und Ausgangspunkt der Herausarbeitung des intersubjektiven Moments sozialen Handelns, welches Habermas in rein zweckrationalen Handlungstheorien nicht berücksichtigt fand (vgl. Habermas 1995: 90f.).

Der illokutive Teil ermöglicht dem Hörer den Sinn des Inhalts eines Sprechaktes zu verstehen und drückt außerdem die Beziehung zwischen Sprecher und Hörer aus. Diese beiden Aspekte gehen mit der Verwendung von Geltungsansprüchen einher (vgl. TKH Bd.1.: 376). Das heißt, dass der Sinn des Inhalts und der Beziehungsausdruck ein Angebot des Sprechers A an den Hörer B darstellt. A untermauert dieses Angebot mit unterschiedlichen Geltungsansprüchen, die B annehmen oder ablehnen kann.

Um die Logik der Geltungsansprüche zu verstehen, muss man sich vor Augen führen, dass Habermas Sprechakte in vier Kategorien unterteilt: Kommunikativa, Konstativa, Regulativa und Repräsentativa (vgl. TKH Bd.1: 435ff.). Der praktische Gehalt dieser sehr abstrakt anmutenden Darstellung zeigt sich an folgenden Beispielsätzen, die die vier Sprechaktformen veranschaulichen.

Mit kommunikativen Sprechakten meint Habermas die generelle Verständlichkeit und den Sinn von Sprache, dass heißt wenn wir uns verständigen, ist uns der Sinn und die Verwendung von Wörtern und grammatikalischen Konstruktionen immer schon vor jedem Bewusstsein bekannt. Sprecher und Hörer sind sich darüber intuitiv bewusst was es heißt, eine Frage zu formulieren, jemanden zu grüßen, zu plaudern, zu streiten, zu argumentieren oder sich zu entschuldigen.

Konstativa sollen Aussagen anzeigen.

Beispiel: *Das Wetter wird morgen schlecht. Zwei plus zwei ist gleich vier. Die Erde ist rund. Du bist blöd. Die Kurswerte an der Börse haben sich stabilisiert. Politik ist schlecht. Scheidungen nahmen in den letzten Jahren zu.*

Regulativa regeln die Beziehung zwischen Sprecher und Hörer, in dem sie zwischen beiden eine normative Bindung herstellen.

Beispiel: *Mach bitte das Fenster auf! Hör auf zu rauchen! Ich werde ihnen kein Geld geben! Betrügen gehört sich nicht. Ich verlange, dass du dich entschuldigst! Ich erlaube dir, zu gehen. Darf ich Ihnen einen Tee bringen?*

Repräsentativa nennt Habermas jene Sprechakte, die dazu dienen sich selbst auszudrücken. Dem Sprecher wird damit ermöglicht, einem Hörer seine subjektiven Empfindungen darzulegen.

Beispiel: *Mir ist schlecht. Ich fühle mich, als würde ich fliegen können. Das hat mich sehr getroffen. Ich mag es wenn du lachst. Ich verstehe deine Entscheidung nicht. Ich habe die ganze Nacht geweint.*

Jede der vier Formen von Sprechakten beinhaltet nun einen spezifischen Geltungsanspruch, was den Sinn der Einteilung in Kommunikativa, Konstativa, Regulativa und Repräsentativa verständlich macht. Im Zuge der Kommunikativen Rationalisierung sind es diese Geltungsansprüche, die die Akteure zunehmend einfordern und damit immer klarer hervortreten (vgl. Kapitel 2.1). Kommunikativa sind mit dem Geltungsanspruch der Verständlichkeit verbunden, Konstativa mit dem der Wahrheit, Regulativa fordern den Anspruch der Richtigkeit ein und Repräsentativa schließlich müssen dem Anspruch der Wahrhaftigkeit genügen. Folgende Beispielsätze erklären erneut die theoretische Abstraktion (vgl. TKH Bd.1: 397ff.).

Geltungsanspruch Verständlichkeit:

Morgen werde ich kommen, um gestern zu gehen. Dabei habe ich gefroren die Zahlen müssen stimmen. Kannst du nicht rechnen, fordert er mich auf. Ich malte ihm zu, die Ampel zeigt 5 vor zwölf.

Was hier deutlich werden soll ist, dass ein Sprechakt verständlich sein muss, andernfalls ist eine kommunikative Verständigung nicht möglich. Wie tief wir das Sprachverständnis in uns aufgenommen haben, zeigt die Schwierigkeit ad hoc unvernünftige Sätze zu generieren, denn schon in der Idee eines Satzes spiegelt sich das Sprachverständnis wider.

Geltungsanspruch Wahrheit:
Die Autobahn 9 in Richtung München ist wegen eines Unfalls ab Abfahrt Bayreuth Süd gesperrt, letzte freie Abfahrt Bayreuth Nord. Die Umfahrung der Unfallstelle ist über Regensburg möglich.
Dieser konstative Sprechakt rekurriert auf den Geltungsanspruch der Wahrheit. Der Hörer kann das Sprechangebot annehmen oder zurückweisen. Umfährt ein Autofahrer den vermeintlichen Unfall, hat er das Angebot angenommen, bleibt er hingegen auf der A9 weist er es zurück.

Geltungsanspruch Richtigkeit:
Ich fordere Sie auf, den Sitzplatz für die ältere Dame freizumachen!
Der regulative Sprechakt basiert auf dem Geltungsanspruch der Richtigkeit. Richtigkeit meint in diesem Zusammenhang die Angemessenheit eines Sprechaktes im Verhältnis zum situativen Kontext. Der Sprecher fordert den Hörer auf den Sitzplatz zu räumen. Auch hier kann der Hörer die Aufforderung ablehnen oder annehmen. Nimmt er sie an, zeigt er damit die Richtigkeit der Aufforderung an, beispielsweise weil er sich unter einem Schild: „Denken Sie auch an unsere älteren Mitbürger!", befindet. Lehnt er sie hingegen ab, zeigt er, dass er die Aufforderung als unangemessen empfindet, beispielsweise weil noch viele andere Plätze verfügbar sind.

Geltungsanspruch Wahrhaftigkeit:
Ich liebe Dich!
Der repräsentative oder expressive Sprechakt drückt eine Gefühlsäußerung aus und fußt auf dem Anspruch der Wahrhaftigkeit. Der Sprecher möchte dem Hörer damit eine Gefühlsbeschreibung vermitteln und sein subjektives Empfinden nach außen tragen. Erneut ist es dem Hörer hier möglich das Angebot „anzunehmen" oder „abzulehnen".

Im weiteren Verlauf verknüpft Habermas die aus der Pragmatik gewonnen Erkenntnisse mit den genannten soziologischen Handlungsbegriffen Konversation, normenreguliertes und dramaturgisches Handeln, die schließlich im kommunikativen Handeln münden. Diese Handlungstypen verweisen ihrerseits auf eine jeweils unterschiedliche Welt, auf die die Akteure im kommunikativen Handeln reflexiv Bezug nehmen (vgl. TKH Bd.1: 439). An dieser Stelle wird klar wie Habermas Pragmatik und soziologische Theorie miteinander verbindet, indem er Sprache als Medium der Koordinierung sozialer Handlungen begreift.

Konversation verweist auf eine objektive Welt, die verständigungsorientiert handelnde Akteure gemeinsam voraussetzen und auf die sie sich wechselseitig beziehen. Die

objektive Welt ist die Gesamtheit aller möglichen Erscheinungen und ist mit Konversation und dem Geltungsanspruch der Wahrheit verknüpft (vgl. Habermas 1995: 584f.).
Beispiel: *Draußen scheint die Sonne! Zwei plus zwei ist gleich vier.*
Im ersten Beispiel Satz wird auf den Geltungsanspruch der Wahrheit verwiesen, der seinerseits mit einer objektiven Welt verbunden ist, nämlich der Möglichkeit, dass die Sonne scheint und nicht etwa Nacht ist. Der zweite Satz ist mit der objektiven Welt der Mathematik verbunden. Indem sich Sprecher und Hörer auf eine gemeinsam angenommene Welt beziehen, werden ihre jeweiligen Aussagen in diesem Zusammenhang auch kritisierbar. Äußert ein Sprecher den Satz: *Zwei plus zwei ist gleich fünf,* kann der Hörer das Sprechangebot unter Berufung auf den Geltungsanspruch der Wahrheit unter Einbezug der Welt der Mathematik zurückweisen.

Normenreguliertes Handeln verweist auf eine soziale Welt, die durch einen Normenkanon charakterisiert ist, auf den sich Akteure in Form generalisierter Verhaltenserwartungen wechselseitig beziehen. Die soziale Welt ist mit dem Geltungsanspruch der Richtigkeit verbunden (vgl. ebd.).
Beispiel: *Ich fordere Sie auf, den Sitzplatz für die ältere Dame zu räumen!*
Der Sprecher verweist auf den Geltungsanspruch der Richtigkeit, der seinerseits mit einer sozialen Welt verbunden ist. Der Hörer kann das Angebot annehmen, weil er den Anspruch als angemessen empfindet und der Geltungsanspruch den von Sprecher und Hörer geteilten Normen einer gemeinsam angenommenen sozialen Welt entspricht. Oder der Hörer lehnt das Angebot ab, weil es nicht mit seiner Situationsdeutung übereinstimmt. Das heißt, die Aufforderung des Sprechers steht konträr zu den normativen Vorstellungen der sozialen Welt des Hörers.

Dramaturgisches Handeln verweist auf eine subjektive Welt, in der Interaktionsteilnehmer füreinander ein Publikum bilden, vor dessen Augen sie sich darstellen. Die Selbstdarstellung zielt darauf ab, die eigene Subjektivität nach außen zu kehren. Privilegierten Zugang zu dieser Welt hat nur der dramaturgisch handelnde Akteur selbst. Die dramaturgische Welt ist mit dem Geltungsanspruch der Wahrhaftigkeit verbunden (vgl. ebd.).
Beispiel: *Ich liebe Dich Judith!*
Der Hörer B bildet das Publikum für die Äußerung von A. A möchte B seine Gefühlslage erklären. Was das Gefühl der Liebe aber tatsächlich ist, was A also empfindet, bleibt stets diffus, denn einzig A weiß, was er mit dem Begriff Liebe auszudrücken gedenkt.

Kommunikatives Handeln verweist gleichzeitig auf alle drei Welten. Habermas definiert kommunikatives Handeln als ein Handeln, das alle drei Handlungstypen intuitiv reflexiv in den Handlungsablauf einbezieht. Das heißt, Konversation, normatives und dramaturgisches Handeln vereinen sich im kommunikativen Handeln und sind dann immer *gleichzeitig* ablaufende Prozesse (vgl. TKH Bd.1: 410ff.). Beispiel: *Ich fordere Sie auf, den Sitzplatz für die ältere Dame zu räumen!* Es sei angenommen, diesen Satz äußert ein Passagier A zu einem anderen Passagier B. Handelt A kommunikativ, bezieht er sich reflexiv auf alle drei Welten mit den jeweils verbundenen Geltungsansprüchen und ist an Konsens orientiert. Unter genau den gleichen Voraussetzungen empfängt B das Sprechangebot und nimmt zu diesem reflexiv Stellung. Dazu wird er gleichzeitig die Geltungsansprüche Wahrheit, Richtigkeit und Wahrhaftigkeit überprüfen und entscheiden, ob er das Angebot annimmt oder ablehnt. Der Geltungsanspruch der Verständlichkeit muss dabei immer schon gewährleistet sein, um überhaupt in eine sprachlich vermittelte Interaktion eintreten zu können. Sollten die Geltungsansprüche einer Prüfung durch den Hörer standhalten, verläuft das kommunikative Handeln problemlos. Einverständnis wurde dann gleichzeitig auf allen drei Ebenen erzielt (vgl. TKH. Bd.1: 413). B wird das Sprechangebot annehmen und den Platz räumen, beide Akteure hätten ihre Handlungen unproblematisch über eine gemeinsame *Situationsdeutung koordiniert.* Der Hörer akzeptiert dann den Geltungsanspruch der Wahrheit. Das kann beispielsweise heißen, dass er die Annahme einer objektiven Welt teilt, in der die Aufforderung: *„Ich fordere Sie auf, den Platz zu räumen!"*, durch das Wissen, dass ältere Menschen in Transportmitteln weniger guten Halt finden, abgesichert ist. Weiterhin akzeptiert der Hörer den Geltungsanspruch der Richtigkeit, indem er beispielsweise die Norm des Aufstehens für ältere Mitbürger für richtig erachtet. Er teilt dann die Aufforderungen der sozialen Welt und empfindet sie als gerechtfertigt. Schließlich akzeptiert der Sprecher den Geltungsbereich der Wahrhaftigkeit, womit er signalisiert, dass er der Aufforderung des Sprechers Glauben schenkt. Das heißt, der Sprecher meint seinen Sprechakt als Aufforderung und nicht etwa als Spaß.

Vor dem lebensweltlichen Hintergrund sind unproblematisch ablaufende, verständigungsorientierte Interaktionen die Regel. Unter Lebenswelt[17] versteht Habermas hier das gleichsam hinter dem Rücken der Akteure immer schon gegebene, sprachliche und kulturelle Vorverständnis der Welt, in dem objektive, soziale und subjektive Welt eingebettet sind (vgl. TKH Bd.2: 182ff.).

> Sprache und Kultur decken sich weder mit den drei Weltbegriffen, mit deren Hilfe Kommunikationsteilnehmer ihre Situation gemeinsam definieren, noch erscheinen sie als etwas Innerweltliches. Sprache und Kultur sind für die Lebenswelt selbst konstitutiv. (TKH Bd.2: 190)

---

17 Vergleichend dazu die Ausführungen von Schütz und Luckmann (vgl. Schütz 1932; Schütz/ Luckmann 2003).

Lebenswelt ist demnach all das, was wir täglich unhinterfragt und selbstverständlich nutzen. Sprache macht dies deutlich. Mit Hilfe der Sprache ist es möglich, unendlich viele Aspekte des gesellschaftlichen Zusammenlebens zu thematisieren und zu problematisieren. Die Sprache selbst kann indes nicht vollends reflektiert werden und bleibt einer tiefgehenden Problematisierung gegenüber immun, denn sie schwingt immer schon mit. „Das Medium der Verständigung verharrt in einer eigentümlichen Halbtranszendenz." (TKH Bd.2:190). Dagegen zeigen sich die Geltungsansprüche Richtigkeit und Wahrheit als problematisierungs- und diskursfähig. Die Notwendigkeit dazu besteht im Falle unterschiedlicher Situationsdeutungen zweier Akteure, die deren erfolgreiche an Verständigung orientierte Handlungskoordinierung verhindert. Dabei ist der Konsens zwischen Sprecher und Hörer über eine geteilte Handlungssituation gebrochen, wenn mindestens einer der drei Geltungsansprüche bewusst zurückgewiesen wird (vgl. TKH Bd.1: 412). So kann Passagier A die Aufforderung des Passagiers B unter dem Geltungsanspruch der Richtigkeit zurückweisen, da neben ihm noch Plätze zur Verfügung stehen. Die Norm „Aufstehen" würde der Norm „Nichtaufstehen" entgegenstehen. Sprecher und Hörer deuten die Situation nun unterschiedlich und ihre Handlungen sind zunächst nicht über das Konsensprinzip zu koordinieren. Um einen Konflikt zwischen verschiedenen Situationsdeutungen zu lösen, können Interaktionsteilnehmer nun in einen Diskurs[18] treten (vgl. TKH Bd.1: 44). Im Diskurs werden die zunächst problemlos mitlaufenden Geltungsansprüche durch Argumente auf ihre Plausibilität geprüft. Im Beispiel würde die zuvor unproblematische Norm „Aufstehen" versus „Nichtaufstehen" thematisiert werden. Auch der Diskurs läuft im Modus des Konsensprinzips, wobei sich im Diskursverlauf das plausiblere Argument durchsetzen soll.[19] Im Falle divergierender Situationsdeutungen würden A und B demnach reflexiv in einen Diskurs treten und Argumente für ihre jeweilige Perspektive austauschen. Ob sich A oder B durchsetzt, ist von der jeweiligen Begründung der Situationsdeutung abhängig. Über „Aufstehen" oder „Nichtaufstehen" soll das überzeugendere Argument entscheiden. An dieser Stelle kann nicht weiter auf die habermas'schen Überlegungen zur Wahrheitstheorie eingegangen werden (vgl. Habermas 1984: 127ff.), jedoch sei darauf verwiesen, dass nach Habermas Argumente für oder gegen Geltungsansprüche niemals den Anspruch

---

18 Habermas unterscheidet theoretische Diskurse, in denen der Geltungsanspruch der Wahrheit des Wissens thematisiert wird, von praktischen Diskursen, in denen der Geltungsanspruch der Richtigkeit von Normen und Moralvorstellungen debattiert wird und schließlich therapeutisch/ ästhetische Kritik, die beispielsweise in Form von Psychotherapie die subjektive Welt problematisiert (vgl. TKH Bd.1: 38ff, 448).

19 Habermas entwickelt im Zuge seiner Überlegungen zum Diskurs die Idee der „idealen Sprechsituation", danach soll allen Diskursteilnehmern die gleiche Möglichkeit auf die Verwendung kommunikativer, konstativer, regulativer und repräsentativer Sprechakte eingeräumt werden (vgl. Habermas 1995: 174ff.). Im Kapitel 3.2 wird darauf zurückzukommen sein.

der absoluten Wahrheit bzw. Richtigkeit erheben können. Wahrheit und Richtigkeit sind vielmehr relativ und im „Zwang des besseren Arguments" (Habermas 2005: 20) verkörpert, welches sich durch seine größere Plausibilität gegenüber anderen Argumenten auszeichnet (vgl. Habermas 1985: 207). Die Diskursfähigkeit der Geltungsansprüche Wahrheit und Richtigkeit ist somit ein weiterer entscheidender Baustein in der „Theorie des kommunikativen Handelns". Die Geltungsansprüche Verständlichkeit und Wahrhaftigkeit sind indes nicht diskursiv einlösbar. Erstere muss immer schon gewährleistet sein, Letztere ist nicht aufzudecken, sondern bleibt immer im Schleier der Subjektivität verdeckt. Die Gefühlsäußerung: „*Ich liebe Dich!*", kann der Hörer dem Sprecher glauben, was das subjektive Empfinden jedoch ist, wird nie diskursiv zu lösen sein. Gefühle bleiben dem Subjekt eigen (vgl. TKH Bd.2: 147ff.). Wahrhaftigkeit kann daher nur an den Folgen der Handlung und deren Konsistenz zur geäußerten Absicht überprüft werden.

> Indem sich Interaktionsteilnehmer miteinander über ihre Situation verständigen, stehen sie in einer kulturellen Überlieferung, die sie gleichzeitig benutzen und erneuern; indem Interaktionsteilnehmer ihre Handlungen über die intersubjektive Anerkennung kritisierbarer Geltungsansprüche koordinieren, stützen sie sich auf die Zugehörigkeiten zu sozialen Gruppen und bekräftigen gleichzeitig deren Integration; indem die Heranwachsenden an Interaktion mit kompetent handelnden Bezugspersonen teilnehmen, internalisieren sie Wertorientierung ihrer sozialen Gruppe und erwerben generalisierte Handlungsfähigkeiten. (…) Diese Vorgänge der kulturellen Reproduktion, sozialen Integration und der Sozialisation entsprechen den strukturellen Komponenten der Lebenswelt Kultur, Gesellschaft und Person. (Habermas 1995: 594)

Zusammenfassend versteht Habermas unter kommunikativem Handeln demnach ein Handeln, das intuitiv an Verständigung orientiert ist und auf eine Konsensbildung abzielt. Die Handlungskoordinierung der Ziele verfolgenden Akteure erfolgt dabei unbewusst über die wechselseitige und reflexive Berufung auf die Geltungsansprüche Verständlichkeit, Wahrheit, Richtigkeit und Wahrhaftigkeit. Diese können akzeptiert oder bestritten werden. Im Falle eines Bestreitens sind die Geltungsansprüche Wahrheit und Richtigkeit diskursiv einlösbar, in dem sie in einem intersubjektiven Diskurs bewusst reflektiert werden können (vgl. TKH Bd.1: 37). Weiterhin sieht Habermas im kommunikativen Handeln die symbolische Reproduktion der Lebenswelt verankert (vgl. Kapitel 2.3). Einverständnis beruht somit auf Wissen, normativen Übereinstimungen und Vertrauen.

2.5 Strategisches Handeln

Strategisches Handeln steht kommunikativem Handeln geradezu entgegen, es zielt auf Einflussnahme statt Einverständnis (vgl. TKH Bd.1: 384f.). Der strategisch handelnde Akteur nimmt keine verständigungsorientierte, sondern eine erfolgsorientierte Einstellung ein. A wird dann seine soziale Handlung nicht über das Konsensprinzip an sein Gegenüber B anschließen und mit diesem koordinieren, vielmehr wird A versuchen, sein Ziel durch Beeinflussung von B zu erreichen. Tausch und Machtbeziehungen stellen Beispiele für aus strategischen Handlungen hervorgegangene institutionalisierte Interaktionsmuster dar (vgl. Kapitel 2.3). So ist die tägliche Arbeitswelt unter dem Diktat des Geldes, als eine vom strategischen Handeln dominierte Sphäre zu verstehen, die Habermas auch als System bezeichnet (vgl. ebd.; Habermas 1986: 379 ff.). Die für das kommunikative Handeln relevanten Geltungsansprüche sind für strategisches Handeln nicht primär relevant, entscheidend ist die Orientierung am Erfolg im Sinne egozentrischer Nutzenkalküle. Dabei sind strategische Handlungen in der Regel zwar auch sprachlich vermittelt, jedoch nimmt Sprache die Funktion eines Mittels zum Zweck ein (vgl. Habermas 1995: 579). Strategisches Handeln ist zunächst nicht negativ bewertet, sondern als analytische Trennung zu verstehen, die die für den Sektor der materiellen Reproduktion paradigmatische Form sozialen Handelns verdeutlicht (vgl. ebd.: 576f.).

Dass nun, wie oben behauptet, verständigungsorientiertes Handeln der Originalmodus allen sozialen Handelns ist, wird klar, wenn man bedenkt, dass auch ein strategisch handelnder Akteur gezwungen ist, sich an den Imperativen von Verständigung zu orientieren.[20] Kurz, auch ein strategisch handelnder Akteur muss gewährleisten, dass sein Gegenüber ihn versteht. Er wird deshalb eine an Verständigung orientierte Einstellung einnehmen, um das Mittel der Verständigung für seine individuellen Zwecke zu nutzen. Damit wird deutlich, dass Habermas Täuschung, Lüge und Instrumentalisierung als soziales Handeln nicht ausschließt, wenn er verständigungsorientiertes Handeln als Originalmodus bezeichnet. Vielmehr will er zeigen, dass sich auch eine „erfolgsorientierte Lüge" zunächst an Verständigung orientieren muss, wenn sie ihr Ziel erreichen will (vgl. ebd.: 596).

Nun sind strategische Handlungen aber nicht zwangsläufig mit Täuschung, Lüge und der Instrumentalisierung verständigungsorientierten Handelns gleichzusetzen, denn wie erwähnt ist strategisches Handeln auch für die Arbeitswelt paradigmatisch. Es wäre kurzsichtig, die materielle Reproduktion mit diesen negativ konnotierten Eigenschaften gleichzusetzen. Vielmehr ist strategisches Handeln innerhalb der materiellen Reproduktion als legitimer Handlungstyp akzeptiert, und die erfolgs-

---

20 Zur tiefer gehenden Analyse des Originalmodus und der damit verbundenen Unterscheidung in illokutive und perlokutive Effekte TKH Bd.1: 388ff..

orientierte Kosten– Nutzenabwägung in Form von Tausch- und Machtregeln institutionalisiert (vgl. Habermas 1995: 252ff.). Solange A und B sich über die Einstellung des Gegenübers im Klaren sind, also ihren „Kommunikationsmodus" offen deklarieren, verlaufen strategische und kommunikative Handlungen unproblematisch. Das ändert sich, sobald A oder B, ihr jeweiliges Gegenüber über ihre wahre Handlungseinstellung hinwegtäuschen wollen oder einer Selbsttäuschung unterliegen. Solche Täuschungen führen zu kommunikativen Pathologien, die Habermas als systematisch verzerrte Kommunikation bezeichnet (vgl. ebd.).

2.6 Kommunikative Pathologien

Die Herbeiführung eines Einverständnisses als Prozess, unter den oben genannten Geltungsansprüchen, betrachtet Habermas als Normalbedingungen einer Kommunikation (vgl. Habermas 1995: 232f.).[21] Das führt vor Augen, dass er kommunikative Kompetenz und Einverständnis nicht mit einer immerwährenden Übereinstimmung der Akteure über alle vier Komponenten Verständlichkeit, Wahrheit, Richtigkeit und Wahrhaftigkeit gleichsetzt, sondern damit die Fähigkeit des Aushandelns von unterschiedlichen Situationsdeutungen unter reflexiver Bezugnahme auf die Geltungsansprüche unterstreicht. Dann wird auch deutlich, dass die „(...) Grauzone zwischen Unverständnis und Missverständnis, beabsichtigter und unfreiwilliger Unwahrhaftigkeit, verschleierter und offener Nichtübereinstimmung einerseits, Vorverständigtsein und Verständigung andererseits (...)" (ebd.: 233) eine typische Alltagszone ist, in der Einverständnis erst aktiv herbeigeführt werden muss.

Konflikte werden somit unter kommunikativen Normalbedingungen bewusst und reflexiv auf Grundlage konsensuellen Handelns gelöst. Das ändert sich im Falle kommunikativer Störungen, die eine Konfliktlösung durch Einsicht ausschließen (vgl. ebd.: 232).

Zur Klärung der Pathogenese sprachlicher Kommunikation unterscheidet Habermas zwischen äußerer und innerer Organisation der Rede. Die äußere Organisation der Rede verweist auf die äußeren Umstände, in die eine Rede eingebettet ist, also Raum, Zeit und Kontext. Die innere Redeorganisation hingegen ist durch die bekannten Geltungsansprüche Verständlichkeit, Wahrheit, Wahrhaftigkeit und Richtigkeit bestimmt, an die jede Rede strukturell gebunden ist (vgl. Habermas 1995: 244). Zu „systematisch verzerrten Kommunikationen" (ebd.) kommt es im Falle einer Überlastung der äußeren Redeorganisation, so dass die „Last" auf die innere Organisation der Rede abgewälzt werden muss und mindestens einer der Geltungs-

---

21 Vergleichend dazu Simmel, der neben den negativen Aspekten der Lüge auch deren positiven Nutzen und Notwendigkeit für ein gelingendes gesellschaftliches Zusammenspiel hervorhebt (vgl. Simmel 1992: 393ff.).

ansprüche verletzt wird (vgl. ebd.: 253). Das kann am Beispiel der Kommunikation zwischen Trainer und Sportler verdeutlicht werden (vgl. Bette 1984).

Trainer A bespricht mit den Sportlern B und C das Trainingspensum der Vorbereitungsphase für einen Wettkampf, wobei A daran interessiert sein soll, B und C optimal vorzubereiten. Das Gespräch ist zunächst idealtypisch an Verständigung orientiert, das heißt, A, B und C versuchen über eine gemeinsame Situationsdeutung (der notwendige Trainingsplan), eine daran anschließende Handlungskoordinierung (Trainingsumsetzung), ein optimales Wettkampfergebnis zu erreichen. Die Kommunikation verläuft unproblematisch, äußere und innere Redeorganisation verlaufen einvernehmlich parallel zu einander. Im Zuge der Vorbereitungsphase erfährt aber A, dass nur einer der beiden Sportler am Wettkampf teilnehmen kann, womit sich die äußeren Umstände der Kommunikation geändert haben. Weiterhin sei angenommen, A ist sich über die besseren Trainingswerte von B bewusst, jedoch ist der Gesundheitszustand von B nicht stabil, so dass A nicht auf einen Wettkampfeinsatz von B setzen kann. A entschließt sich deshalb, B und C nicht über die veränderte Teilnahmesituation in Kenntnis zu setzen und gibt weiterhin vor, mit B und C im Konsensprinzip an Verständigung orientiert zu kommunizieren. A handelt „offiziell" kommunikativ und „inoffiziell" strategisch. Die Kommunikation zwischen Trainer und Sportlern kann jetzt als systematisch verzerrt bezeichnet werden, da die äußere Redesituation den Trainer zum Umbau der inneren Redesituation „zwingt" (vgl. Kapitel 5.1).

Im Beispiel wurde der Geltungsanspruch der Wahrhaftigkeit bewusst verdeckt gebrochen, denn der Trainer äußert sich zu den Sportlern im Verhältnis zu seinem subjektiven Wissen nicht konsistent (vgl. ebd.). Damit sind die Voraussetzungen einer systematisch verzerrten Kommunikation gewährleistet, wonach mindestens ein Geltungsanspruch unauffällig, das heißt ohne einen offiziellen Abbruch der verständigungsorientierten Kommunikation, verletzt werden muss (vgl. Habermas 1995: 253). Die Kommunikation unterliegt dann der Täuschung durch mindestens einen der Interaktionsteilnehmer. Den Charakter einer verzerrten Kommunikation sieht Habermas in der Aufspaltung der Rede begründet, die die Rede gleichsam in zwei unterschiedliche Richtungen zerrt. Einerseits nimmt der täuschende Akteur eine offizielle Einstellung ein, indem er vorgibt kommunikativ zu handeln. Andererseits ist er sich seiner privaten Einstellung bewusst, mit der er strategisch handelt (vgl. ebd.). Ein solches Handlungsmuster entspricht einer bewussten Täuschung, anders verhält es sich mit unbewussten Täuschungen. Das ist dann der Fall, wenn sich Akteure über eine Täuschung, die von ihnen ausgeht, selbst nicht bewusst sind, sich also selbst täuschen. Habermas verwendet hier das Beispiel einer Paarbeziehung, in der die Frau nicht nur den Mann über ihre Gefühle ihm gegenüber täuscht, sondern auch sich selbst (vgl. ebd.: 250). Sie unterdrückt ihre Abneigung, ohne es selbst zu bemerken. Auch diese Kommunikation ist gespalten, in eine manifeste verständigungsorientierte und eine latent strategische Einstellung. Letztere bleibt jedoch unbewusst, womit die Kommunikationsstörung in der Psyche des Akteurs verankert ist.[22] Aus den vorangegangen Beispielen wird klar, dass Konflikte in systematisch verzerrten Kommunikationen latent und damit still gehalten werden, der Handlungszusammenhang bleibt stabil und wird nicht der Gefahr eines Dissenses ausgesetzt (vgl. Habermas 1995: 253). Konflikte kommen so nicht zum offenen Ausbruch und sind auch keiner über Einverständnis erlangten Lösung zugänglich, weil sie im Mantel des kommunikativen Handelns getarnt bleiben und „mit einem kommunikativen Verzerrungseffekt dahinschwelen" (ebd.: 254). Als Ursache systematisch verzerrter Kommunikationen sieht Habermas, neben den äußeren Umständen (Raum, Zeit und Kontext), vor allem mit diesen einhergehende Identitätskonflikte, die sich beispielsweise aus spezifischen Rollenerwartungen und Machtverhältnissen ergeben können. Dabei ist Anerkennung als ein entscheidender Faktor für eine Identitätsausbildung zu betrachten. „Wenn eine Identität durch Entzug von Anerkennung gefährdet ist, wird sie oft auf paradoxe Weise verteidigt." (ebd.: 254) Probleme bei der Identitätssicherung, sowohl einer Gruppe, als auch einer Einzelperson sind somit häufig die Ursachen kommunikativer Pathologien. Im empirischen Teil der vorliegenden Arbeit wird sich zeigen, wie sich das Ringen um Anerkennung im Spannungsbogen differenzierter Anerkennungslogiken äußert und welche Konsequenzen damit für die Handlungseffizienz einer Organisation einhergehen können (vgl. Kapitel 5).

---

22 Interessant ist an dieser Stelle wie Simmel die individuelle Psyche beschreibt: „Unsere psychologischen Prozesse sind in viel geringerem Grade logisch reguliert, als es nach ihren Äußerungen scheint. Achtet man genau auf die Vorstellungen, wie sie (…) durch unser Bewusstsein flackern, ihre Zickzackbewegungen, das Durcheinanderwirbeln sachlich zusammenhangloser Bilder und Ideen, ihre logisch gar nicht zu rechtfertigenden, sozusagen nur probeweisen Verbindungen, - alles dies ist äußerst weit von vernunftmäßiger Normiertheit entfernt; nur werden wir uns dessen häufig nicht bewusst (…), weil wir dessen Sprünge, seine Unvernünftigkeiten und sein Chaos, trotz der psychologischen Tatsächlichkeit alles dieses, der einigermaßen Logischen oder sonst Wertvollen rasch zu übergehen oder zu überhören pflegen. So ist nun alles, was wir einem Anderen mit Worten oder auf sonstige Weise mitteilen, auch das Subjektivste, Impulsivste, Vertrauteste, eine Auswahl aus jenem seelisch- wirklichem Ganzen, dessen nach Inhalt und Reihenfolge absolut genaue Verlautbarung jeden Menschen – wenn ein paradoxer Ausdruck erlaubt ist – ins Irrenhaus bringen würde." (Simmel 1992: 387f.)

2.7 Ausblick: Die Theorie des kommunikativen Handelns im Kontext der Arbeit

Nach der Veranschaulichung der für uns wesentlichen Elemente der „Theorie des kommunikativen Handelns", scheint die Fruchtbarkeit der habermas´schen Arbeit für die Praxis der Supervision offensichtlich.

Habermas verdeutlicht, dass intersubjektive Kommunikation das Grundelement gesellschaftlicher Entwicklung darstellt. Einerseits reproduziert sich Gesellschaft so über die individuelle Entwicklung der Gesellschaftsteilnehmer. Anderseits werden Individuen gesellschaftlich geprägt. Dabei bewegt sich erfolgreiche Kommunikation innerhalb der Geltungsansprüche Wahrheit, Richtigkeit und Wahrhaftigkeit, die mit der Minimalforderung Verständlichkeit einhergehen. Konflikte und damit Handlungsbeeinträchtigungen resultieren aus Verletzungen der Geltungsansprüche, die in Problemen gegenüber der objektiven, sozialen oder subjektiven Welt münden. Die Lösung der Probleme sieht Habermas in der Fähigkeit der Akteure in einen reflexiven Diskurs einzutreten verankert, wobei diese Fähigkeit für ihn bereits in der Logik der Sprache angelegt ist.

Im folgenden Kapitel möchte ich nun zeigen, dass mit diesen drei Geltungsansprüchen und den dazugehörigen Welten idealtypischerweise Organisations-, Kommunikations- und psychologische Einzelberatung verbunden werden können. Das wären dann jene Beratungsformen, die die Deutsche Gesellschaft für Supervision[23] als Kernelemente supervisorischer Praxis beschreibt und die einen Supervisor in die Lage versetzen sollen, den Reflexionsprozess der Supervisanden anzuregen.

---

23 vgl.: Deutsche Gesellschaft für Supervision (http://www.dgsv.de)

3. Versuch einer Theoriesynthese - Supervision:
Die praktische Fortsetzung der Theorie des kommunikativen Handelns

> Für kommunikatives Handeln sind nur solche Sprechhandlugen konstitutiv, mit
> denen der Sprecher kritisierbare Geltungsansprüche verbindet. (TKH Bd.1: 410)
> In Diskursen werden Geltungsansprüche [durch Argumente] reflexiv überprüft.
> (ebd.: 500) Unter diesem Aspekt kann die Argumentation als eine reflexiv
> gewendete Fortsetzung verständigungsorientierten Handelns mit anderen Mitteln
> begriffen werden. (TKH Bd.1: 48) Bewusste Konfliktverarbeitung bedeutet
> Konfliktverarbeitung unter Bedingungen unverzerrter Kommunikation.
> (Habermas 1995: 232) Reflexion ist der Weg zu einer emanzipierten Gesellschaft,
> zu einem herrschaftsfreien Dialog. (Habermas 1968: 164)

Supervision ist ein Beratungskonzept, das zur Sicherung und Verbesserung der
Qualität beruflicher Arbeit eingesetzt wird. Sie bezieht sich dabei auf psychische,
soziale und institutionelle Faktoren. Supervision basiert auf Kenntnissen und
Themen aus Soziologie, sozialer Arbeit, Psychologie sowie aus Management-
und Institutionstheorien und Kommunikationswissenschaften. In der Supervision
werden Fragen, Problemfelder, Konflikte und Fallbeispiele aus dem beruflichen
Alltag thematisiert und selbstreflexiv bearbeitet. Supervision fördert in
gemeinsamer Suchbewegung das Lernen von Einzelpersonen, Gruppen, Teams
und Organisation. (Deutsche Gesellschaft für Supervision[24])

Der Begriff des reflexiven Handels ist sowohl für die theoretischen Überlegungen
von Jürgen Habermas als auch die Praxis der Supervision paradigmatisch. Beide
beschäftigen sich mit der Frage, wie Konflikte, die auf unreflektiertes Handeln zu-
rückzuführen sind, durch reflektiertes Handeln gelöst werden können. Beide unterscheiden sich jedoch in ihrer Zuwendung zu Theorie und Praxis. Während Habermas
eher auf die Frage der theoretischen Möglichkeit von reflexiver, kommunikativer
Vernunft abhebt, die er im Rationalitätspotential der Verständigung angelegt sieht
(vgl. Kapitel 2.), versucht supervisorische Praxis einen reflexiven Diskurs praktisch
zu unterstützen und herbeizuführen. Im Folgenden soll gezeigt werden, dass Supervision als eine praktische Fortsetzung der „Theorie des kommunikativen Handelns"
betrachtet werden kann.

Dabei ist die Idee die habermas'sche Theorie in die Überlegungen zur Supervision
einzubeziehen, gewiss nicht neu (vgl. Weigand 1979; Schreyögg 1992; Giesecke,
Rappe-Giesecke 1997; Buer 2000). Jedoch wurde dabei stets nur der Aspekt des herr-
schaftsfreien Dialoges im Diskurs berücksichtigt. Indes ist nach bisher erfolgter Re-

---

24 vgl.: Deutsche Gesellschaft für Supervision (http://www.dgsv.de)

cherche davon auszugehen, dass der Versuch einer Theoriesynthese, im Sinne des hier vorliegenden Kapitels, noch nicht unternommen wurde. Die folgenden Ausführungen können aufgrund der geringen Referenzliteratur daher nur vereinzelt durch Quellenangaben gestützt werden.

3.1 These (1): Die habermas'schen Geltungsansprüche und ihre Analogie zu den Beschäftigungsbereichen supervisorischer Praxis

Wenn Supervision einen Diskussionsraum eröffnet, in dem mehrere Personen intensiv miteinander kommunizieren und dabei Fragen des gemeinsamen Umgangs (vgl. Buer 2000: 5) auf individueller, sozialer und organisatorischer Ebene diskutieren, dann sollte die „Theorie des kommunikativen Handelns" supervisorischer Praxis theoretischen Erkenntnisgewinn ermöglichen. Denn für Habermas bedeutet verständigungsorientiertes Handeln Kommunikation unter intuitiver Berücksichtigung der Geltungsansprüche Wahrheit, Richtigkeit und Wahrhaftigkeit, die durch die Möglichkeit des Eintrittes in einen reflexiven Diskurs stets auf ihre Angemessenheit überprüft werden können (vgl. Kapitel 2.4). Um die Analogie zwischen Supervision und habermas'scher Theorie zu verdeutlichen, wird nachfolgend die These eröffnet, dass die von Habermas herausgearbeiteten Geltungsansprüche mit den für eine Supervision relevanten Bereichen der Organisation, Gruppe und Einzelperson parallelisiert werden können.

Mit dem Geltungsanspruch der Wahrheit sieht Habermas eine objektive Welt verknüpft, die er als die Gesamtheit aller möglichen Erscheinungen beschreibt (vgl. Kapitel 2.4). Weiterhin sei mit dem Geltungsanspruch der Richtigkeit eine soziale Welt verbunden, die durch einen Normenkanon charakterisiert ist, auf den sich Akteure in Form generalisierter Verhaltenserwartungen wechselseitig beziehen (vgl. ebd.). Mit dem Geltungsanspruch der Wahrhaftigkeit geht für Habermas schließlich die subjektive Welt eines Akteurs einher, zu der nur dieser Akteur selbst privilegierten Zugang besitzt (vgl. Kapitel 2.4). Im kommunikativen Handeln vereinen sich diese drei Geltungsansprüche, indem sich Akteure intuitiv wechselseitig auf die Aufforderungen nach Wahrheit, Richtigkeit und Wahrhaftigkeit beziehen (vgl. ebd.). Wobei je nach Handlungssituation einer der drei Geltungsansprüche in den Vordergrund rückt. Dabei unterstellt Habermas den kommunikativ Handelnden stets die Möglichkeit des Eintrittes in einen Diskurs, in dem strittige Geltungsansprüche über eine argumentative Rede bewusst auf ihre Gültigkeit geprüft werden können. Ferner betrachtet Habermas verständigungsorientiertes Handeln als die Basis jeglicher Verständigung (vgl. Kapitel 2.4).

Folgt man Habermas in seiner Argumentation bis zu diesem Punkt, so ist konsequenterweise anzunehmen, dass auch in Organisationen und Gruppen auf Basis dieser Verständigungsregeln kommuniziert wird, ebenso wie sich der einzelne Akteur im Selbstgespräch daran orientiert. Jedoch ist zu vermuten, dass die Geltungsansprüche innerhalb einer Organisation, Gruppe und der Psyche des Einzelnen unterschiedlich akzentuiert werden (vgl. TKH Bd.1: 414.). Innerhalb einer Organisation scheint der Aspekt der Wahrheit zentral, innerhalb einer Gruppe oder Gemeinschaft der Aspekt der Richtigkeit und innerhalb der Psyche des Einzelnen tritt offenbar der Aspekt der Wahrhaftigkeit hervor. Die folgenden Beispiele sollen diese theoretischen Annahmen illustrieren und die Analogie zwischen Organisation und objektiver Welt, Gruppe und sozialer Welt sowie Psyche und subjektiver Welt verdeutlichen.

In einer Organisation steht der Geltungsanspruch der Wahrheit im Vordergrund. Wahrheit soll in diesem Zusammenhang als das Streben nach Rationalität gegenüber einer objektiv gegebenen Welt verstanden werden. Letztere gilt es in einer Organisation optimal und effizient zu bewirtschaften (vgl. Kapitel 2.1). Die Ausführungen in einem Jubiläumsbuch des Weltkonzerns Unilever (vgl. Bissinger 2005) belegen dies idealtypischerweise.

> In Berlin tanzten die Menschen auf der Mauer. Für Unilever war das der Startschuss für die Wiederaufnahme des Geschäftes in Ostdeutschland. (Bissinger 2005: 183) Im Zuge des fortschreitenden europäischen Vereinigung (...), richtete Unilever seine Geschäftsstrategie immer stärker international aus. (...) Zur Optimierung der Logistik wurden 224 Millionen DM (...) investiert. (ebd.: 195) Um in den wettbewerbsintensiven Märkten besser konkurrieren zu können, wurde 2005 eine grundlegende Neuorganisation des Konzerns eingeleitet. (ebd.: 202) Unilever entschließt sich zu neuen Strukturen. (...) Entscheidungen sollen schneller gefällt werden. Das Unternehmen soll einfacher strukturiert sein, weil man einer einheitlichen Arbeitsweise verpflichtet ist. Den Schwerpunkt des Handelns sieht die Führungsspitze darin diese Vision umzusetzen, ohne die derzeitige Situation und Geschäftspolitik aus den Augen zu verlieren. (Bissinger 2005: 202)

Logistik, Strukturen und Optimierungen sind hier offensichtlich organisatorische Maßnahmen, die notwendig sind, um ein schnelles und effizientes Arbeiten der Organisation zu gewährleisten. Sie sind es, die Handlungsorientierungen innerhalb des Konzerns Unilever bestimmen. Dass diese Beschreibung einer Organisation an die habermas'sche Beschreibung rationaler Handlungen im Kontext einer objektiven Welt (vgl. Kapitel 2.4) anschlussfähig ist, erscheint plausibel.

In einer Gruppe oder Gemeinschaft steht dagegen der Geltungsanspruch der Richtigkeit im Vordergrund, wie die folgenden Anmerkungen zu einem Bildungsprogramm des Bayrischen Jugendringes veranschaulichen.

Ziel der Bildungsmaßnahmen ist, den Schülern Orientierung zu geben, Fähigkeiten und Kenntnisse zu vermitteln, die sie zur Wahrnehmung ihrer Rechte und Pflichten im Rahmen verantwortlicher Tätigkeit an der Schule befähigen oder dabei unterstützen. Den Schülern werden Lernfelder angeboten, in denen sie ihre eigene Situation und die sie bestimmenden inneren und äußeren Faktoren erfahren und ihr eigenes Verhalten überprüfen können. Mögliche Inhalte sind Rhetorik & Körpersprache, Kommunikation und Teamarbeit. (www.jambus.bjr.de/einzelbeispiele.html)

Das Vermitteln von Kenntnissen über die Rechte und Pflichten verantwortlicher Schülertätigkeit sind hier die Ziele des Bildungsprojektes, welche insbesondere über Kommunikationstraining und Gruppenarbeit umgesetzt werden sollen. Dabei orientieren sich Rechte und Pflichten implizit an einem Normenkanon, mit dem eine Vorstellung von falschen und richtigen Handlungen einhergeht (vgl. Habermas 1995: 585f.). Idealtypisch könnte daher die Gruppe oder Gemeinschaft mit der sozialen Welt bei Habermas verbunden werden (vgl. Kapitel 2.4).

Schließlich bleibt die Psyche des einzelnen Akteurs, in der der Geltungsanspruch der Wahrhaftigkeit dominiert, wie der Bericht eines erfolgreichen Profiradsportlers (vgl. Jan Ullrich 2004) in Form eines Selbstgespräches verdeutlicht.

Was bleibt ist ein großer Traum: Ich will noch einmal die Tour de France gewinnen. Wenn mir das nicht gelingt, werde ich meinen Neustart als unvollständig empfinden. Aber bin ich in der Lage, so diszipliniert zu leben, so hart zu trainieren, mein Team so klug zu führen und mich selbst so zu quälen? Es geht dabei nicht nur um das fantastische Gefühl, im gelben Trikot nach Paris zu fahren, sondern auch darum, ob ich zu einer echten Persönlichkeit werde. Es geht um alles – ganz oder gar nicht. (Jan Ullrich 2004: Umschlag)

Der Radsportler fragt sich hier in einem inneren Dialog, ob er das was er tut ernsthaft und konsequent durchführt. Er ringt offensichtlich mit Selbstzweifeln hinsichtlich des Erreichens seines Zieles, an das er eine positive Persönlichkeitsentwicklung knüpft. Dabei orientiert er sich innerhalb dieses Selbstgespräches in erster Linie an einem Traum und Gefühl, zu denen nur er selbst Zugang besitzt. Die Analogie zu den habermas'schen Überlegungen einer subjektiven Welt (vgl. Kapitel 2.4) ist hier offensichtlich.

Diese Beispiele verdeutlichen die Idee, die habermas'schen Geltungsansprüche Wahrheit, Richtigkeit, Wahrhaftigkeit und die dazugehörigen Welten, mit den Merkmalen einer Organisation, Gruppe und der Psyche des einzelnen Akteurs verbinden zu können. Außerdem wird klar, dass in der jeweiligen Organisationsform[25], also Organisation, Gruppe und Psyche, ein Geltungsanspruch dominiert.

---

25 Unter dem Begriff Organisationsform subsumiere ich im weiteren Verlauf die spezifischen Ausprägungen menschlicher Organisation - Organisation, Gruppe und Psyche.

Handlungswelt	Organisationsform	Geltungsanspruch	Rationalitätsform	Handlungsleitendes Interesse
objektive Welt	Organisation	Wahrheit	technische Rationalität	Wissen
soziale Welt	Gruppe	Richtigkeit	kommunikative Rationalität	Kommunikation
subjektive Welt	Psyche	Wahrhaftigkeit	selbstreflexive Rationalität	Selbsterkenntnis

(Abb.1 in Anlehnung an Habermas TKH, Bd.1: 45)

Daraus folgt jedoch, dass die jeweils anderen Geltungsansprüche aus einer Handlungssituation nicht vollkommen eliminiert sein können. Vielmehr schwingen sie neben dem dominanten Geltungsanspruch der jeweiligen Organisationsform stets mit, wie es Habermas analog in seinen Überlegungen zum kommunikativen Handeln darlegt (vgl. TKH Bd.1: 410ff.). Wenn nun im verständigungsorientierten Handeln die Geltungsansprüche intuitiv wechselseitig in die Verständigung eingehen und diese mit der Organisationsform einer Organisation, Gruppe und Psyche parallelisiert werden können, dann folgt daraus, dass auch Organisation, Gruppe und Psyche unweigerlich miteinander verschränkt sind.

Die alltägliche Erfahrung stützt diese These. So kommen auch in einer gänzlich auf technische Rationalisierung und Optimierung ausgerichteten Organisation, wie beispielsweise der Deutschen Bank, Aufforderungen der sozialen Welt nach Richtigkeit zum Tragen, indem die Öffentlichkeit in Form der Medien gegen die unsozialen Folgen technischer Rationalisierungsmaßnahmen protestiert (vgl. Die Zeit 21.12.2005). Die Verschränkung von Organisation und Gruppe wird am Beispiel der Schulpolitik deutlich. Betrachtet man Schulen als idealtypischen Ort der sozialen Welt, an dem es darum geht Richtigkeit in Form von Normen und Werten zu lehren, so wird hier die Aufforderung der Organisation in Form von öffentlichen Appellen nach einer Optimierung des Lehrbetriebes vollzogen, durch die ein effizienteres Lernen erreicht werden soll (vgl. Berliner Zeitung 29.12.2004). Der Einfluss der Gruppe auf die Psyche wird am Beispiel des oben zitierten Radsportlers augenscheinlich. Denn erstens benötigt er sein Team, um zu siegen, und zweitens macht erst die Gruppe, also die soziale Welt, die Tour de France zu einem Großereignis, das ihm ein einmaliges, subjektives Gefühl bereitet (vgl. Jan Ullrich 2004).

Die hier nur thesenhaft angedeutete Verschränkung von organisatorischen, gruppenbezogenen und psychischen Aspekten scheint das Normalverhältnis gesellschaftlichen Zusammenlebens darzustellen, so wie Habermas das wechselseitige intuitive Ineinandergreifen der Geltungsansprüche Wahrheit, Richtigkeit und Wahrhaftigkeit als Normalbedingungen von Verständigung bezeichnet (vgl. Kapitel 2.4).

Für Habermas werden Normalbedingungen der Verständigung nun aber zu systematisch verzerrten Kommunikationen, wenn die Aufforderungen der Geltungsansprüche einseitig bewusst oder beidseitig unbewusst gebrochen werden und nicht in einen argumentativen Diskurs eingehen (vgl. Kapitel 2.5). Analog dazu kann jetzt angenommen werden, dass die Verschränkung von Organisation, Gruppe und Psyche dann problematisch wird, wenn die Merkmale der jeweiligen Organisationsform unbewusst in den Hintergrund treten oder bewusst ignoriert werden und die Akteure nicht ohne weiteres in einen klärenden diskursiven Prozess (vgl. Kapitel 2.4) eintreten können. In dieser Situation kann dann Supervision als Medium zur Diskursfindung ansetzen.

3.2 These (2): Die Vision der idealen Sprechsituation - Supervision als Medium zur Diskursfindung und -unterstützung

Habermas verweist darauf, dass er auch den Eintritt in einen intersubjektiven Diskurs, im Falle streitbarer Geltungsansprüche, zu den Normalbedingungen von Verständigung zählt (vgl. Kapitel 2.6). Gleichwohl bezeichnet er Diskurse als „Inseln im Meer der Praxis" (Habermas 1995: 500), die eher unwahrscheinliche Kommunikationsformen darstellen, jedoch in jeder Alltagskommunikation in Form der Geltungsansprüche immer schon implizit, gleichsam transzendental, angelegt sind (vgl. Kapitel 2.4). Daraus folgt für die Praxis der Supervision, dass Supervision nicht mit dem habermas'schen Diskurs unter den Bedingungen der idealen Sprechsituation gleichgesetzt werden kann, da sich letztere zu supervisorischer Praxis kontrafaktisch verhalten. Denn für die ideale Sprechsituation postuliert Habermas, dass allen Diskursteilnehmern die gleiche Chance auf die Verwendung kommunikativer, konstativer, regulativer und repräsentativer Sprechakte (vgl. Kapitel 2.4) eingeräumt werden soll (vgl. Habermas 1995: 174ff.). In einer Supervision sind die Rollen zwischen Supervisor und Supervisanden jedoch asymmetrisch verteilt, denn ein Supervisor hat es erst zum Ziel den Supervisanden den Eintritt in einen „symmetrischen Diskurs" zu ermöglichen, indem er sie für die Situationsdeutungen anderer Interaktionsteilnehmer sensibilisiert bzw. ihre Fähigkeit zur Selbstreflexion anregt. Habermas wird der asymmetrischen Struktur therapeutischer Gespräche gerecht, indem er diese nicht Diskurse, sondern therapeutische Kritik nennt (vgl. TKH Bd.1: 43).

Im Anschluss an diese Überlegungen schlage ich deshalb vor, Supervision nicht in erster Linie als einen Diskurs zu bezeichnen, sondern als Medium der Diskursfindung, durch das die Supervisanden zur Reflexion von Handlungszusammenhängen angeregt werden sollen, um dann selbstständig in einen Diskurs um strittige Geltungsansprüche treten zu können. Unter dem Prozess der Diskursfindung verstehe ich dabei zunächst das Auflösen und Bewusstwerden von in komplexen Handlungszusammenhängen verstrickten Geltungsansprüchen. Denn ohne das Bewusstsein der unterschiedlichen Geltungsansprüche auf den differenzierten Organisationsebenen, scheint ein bewusster Diskurs im habermas'schen Sinne unmöglich. Unter einer Diskursfindung kann somit das Aufdecken jener Ursachen verstanden werden, die für systematisch verzerrte Kommunikationen verantwortlich sind (vgl. Kapitel 2.6). Als methodische Instrumente der Diskursfindung nutzt ein Supervisor dann Kenntnisse der Organisationsberatung, Gruppendynamik und Kommunikationslehre sowie der Psychologie, um die erstarrten und systematisch verzerrten Kommunikations- konstellationen aufzuweichen und zum Gegenstand einer bewussten Reflexion zu machen. Für einen Supervisor sind dabei Kenntnisse in allen drei Bereichen notwendig, da diese, wie die vorliegende These nahelegt, durch die immanenten Strukturen der Verständigung unweigerlich miteinander verbunden sind. Folgende Beispiele ver- anschaulichen Möglichkeiten „kommunikative Pathologien".

Innerhalb einer Organisation liegt eine systematisch verzerrte Kommunikation dann vor, wenn die Aufforderungen einer Gruppe oder Gemeinschaft nach Richtig- keit in Form einer sozialen Welt, beidseitig unbewusst oder einseitig bewusst ge- brochen werden. Das ist zum Beispiel der Fall, wenn technische Rationalität nicht nur vor dem Geltungsanspruch der Richtigkeit steht, sondern diese ausschaltet (vgl. Abb. 1).

Weiterhin kann eine systematisch verzerrte Kommunikation innerhalb einer Gruppe dann vorhanden sein, wenn die Mitglieder einer Gruppe sich über ihre technisch-rationalen Ziele hinwegtäuschen und egozentrische Nutzenkalküle durch einen Scheinkonsens der „Gemeinschaft" zusammen gehalten werden (vgl. Kapitel 5).

Schließlich würde eine systematisch verzerrte Kommunikation innerhalb der Psyche eines Akteurs existieren, wenn dessen ideale Vorstellungen so stark werden, dass sein reales Handeln und Wohlempfinden von ihm als beeinträchtigt empfunden wird. Im empirischen Teil der vorliegenden Arbeit wird nach solchen Konstellationen systematisch verzerrter Kommunikation gesucht werden (vgl. Kapitel 4 und 5).

Die Notwendigkeit des Methodenpluralismus supervisorischer Praxis ergibt sich nun vor allem aus dem Umstand, dass offensichtlich gerade in einer bestimmten Organisationsform die jeweils anderen Organisationsformen problematisch werden. Wenn also innerhalb der Organisationsform Gruppe/ Gemeinschaft der Geltungs- anspruch der Organisation ignoriert wird, benötigt die Gruppe vor allem eine Or- ganisationsberatung, so wie die Organisation, die den Geltungsanspruch der Gruppe verletzt, nicht in erster Linie Organisationsberatung benötigt, sondern kommunikative Beratung. Beschäftigt sich jedoch der Organisationsberater lediglich mit der Orga- nisation, der Kommunikationsberater nur mit der Gruppe und schließlich der Psychologe mit der individuellen Psyche, wird die jeweilige Problemkonstellation nur verdoppelt, ohne dabei die komplexen Zusammenhänge der verschiedenen Hand- lungs- und Verständigungsmuster zu berücksichtigen (vgl. Rappe-Giesecke 2005:

173f.). Wenn nun Supervisanden im Zuge einer Supervision problematische Geltungsansprüche aus verquickten Kommunikationszusammenhängen herausgearbeitet haben und sich anschließend in der Lage befinden ihre jeweiligen, jetzt bewusst gewordenen, Geltungsansprüche in einen Diskurs einzubringen, kann der Supervisor, nachdem er zunächst den Prozess der Diskursfindung anregte, nun auch den Diskurs unterstützen.

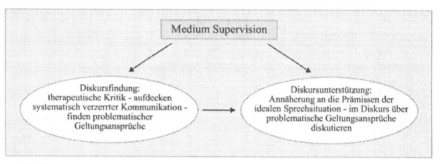

(Abb.2)

Dies gelingt ihm in erster Linie durch den Versuch, den Supervisionsraum an die kontrafaktische Annahme der idealen Sprechsituation anzugleichen. Das heißt, der Supervisor versucht asymmetrische Gesprächskonstellationen, die beispielsweise auf Hierarchien, Wissensdifferenzen und Emotionen basieren können, zu neutralisieren und damit jedem Supervisionsteilnehmer, im Sinne der idealen Sprechsituation, die Chance auf gleiche Gesprächsanteile einräumt. Das kann ihm freilich nur dann gelingen, wenn er auch seine eigenen, im Verlaufe des Supervisionsprozesses aufkommenden, Emotionen einem selbstreflexiven Diskurs zugänglich macht. Dazu zählt sowohl die Reflexion seines zweckrationalen Verhältnisses zum Supervisanden, als auch die kritische Betrachtung seiner Definitionsmacht innerhalb des Supervisionsraums. Denn einerseits supervidiert der Supervisor faktisch zum Zwecke des monetären Gelderwerbs, wodurch der Supervisand zum Klienten wird, andererseits kann er aufgrund seiner nicht zu leugnenden Deutungshoheit innerhalb des Beratungsprozesses erheblichen Einfluss auf die Psyche des Supervisanden ausüben. Diese Faktoren sind mit der Idee der idealen Sprechsituation im Sinne einer verständigungsorientierten Kommunikation nicht leicht vereinbar, vielmehr ist die Grenze zwischen verständigungs- und erfolgsorientierter Handlungseinstellung hier fließend. Neben der Selbstreflexion des Supervisors, könnte in seiner Verantwortlichkeit für den jeweiligen Fall eine weitere Möglichkeit bestehen, die systemischen Faktoren (vgl. Kapitel 2.3) Macht und Geld, wenn auch nicht auszuschließen, so doch zumindest zu neutralisieren. Dies mag banal klingen, jedoch ist es innerhalb der Profession Supervision keinesfalls üblich Verantwortung zu übernehmen, vielmehr wird in der aktuellen Supervisionsszene eine heftige Debatte über die Notwendigkeit von Verantwortung des Supervisors für einen Fall geführt (vgl. Weigand 2006: 51ff.). Nach meiner Ansicht würde Verantwortung den Supervisor verstärkt an die Lebenswelt koppeln, da er den Aufforderungen der Geltungsansprüche Wahrheit, Richtigkeit und Wahrhaftigkeit gerecht werden müsste (vgl. Kapitel 2.5), welche ihn wiederum an den Fall binden und sein zweckrationales Interesse umklammern. Damit ist der Bogen zum zweckrationalen Interesse bei Habermas geschlossen, denn jedes Handeln besitzt zweckrationale Elemente, jedoch ist es wichtig, die systematischen Verzerrungen im Blick zu behalten und gleichsam in die Lebenswelt zurückzuholen (TKH Bd.2: 548ff.).

An dieser Stelle wird nun besonders deutlich, dass die habermas'sche Idee einer idealen Sprechsituation im praktischen Vollzug keine bloße idealistische Utopie einer konfliktlosen Gesellschaft impliziert, sondern ganz im Gegenteil auf das Bewusstwerden von Handlungskonflikten abzielt. Ein Supervisor versucht dabei den Supervisanden diese Handlungskonflikte verständlich zu machen, um die Supervisanden im Weiteren bei der Verständigung über die Handlungskonflikte zu unterstützen. In diesem Sinne bedeutet supervisorische Praxis nicht mehr, aber auch nicht weniger, als ein Prozess des Zuhörens, Verstehens und Verständigens von und über differenzierte(n) objektive(n), soziale(n) sowie subjektive(n) Geltungsansprüche(n), mit der Absicht durch Wahrnehmungserweiterung zu verändern (vgl. Weigand 2006: 43ff.).

Die folgende Graphik stellt die vorangegangen Thesen im Anschluss an Weigand (vgl. Weigand 2006: 43ff.) nochmals zusammenfassend dar. Danach bilden die theoretischen Konstruktionen einer objektiven, sozialen und subjektiven Welt die Äquivalente der Beratungsfelder praktischer Supervision - Organisation, Gruppe und Person - welche der Supervisor in einer Supervision mit den methodischen Instrumenten der Organisationsberatung, Kommunikationslehre/ Gruppendynamik und Psychotherapie unterstützt. Da verständigungsorientiertes Handeln nach Habermas auf dem intuitiven wechselseitigen Gebrauch der Geltungsansprüche Wahrheit, Richtigkeit und Wahrhaftigkeit basiert und den Originalmodus jeglicher Verständigung darstellt (vgl. Kapitel 2.5), müssen auch die Beratungsfelder supervisorischer Praxis miteinander verschränkt sein. Analog zu den von Habermas dargelegten kommunikativen Pathologien, denen eine systematisch verzerrte Kommunikation zu Grunde liegt, sind es dann systematisch verzerrte Kommunikationen innerhalb von Organisationen, Gruppen und der Psyche des Einzelnen, die eine Supervision mit Hilfe von Kenntnissen der Organisationsberatung, Kommunikationslehre und psychologischer Beratung aufzulösen versucht, indem sie die Supervisanden auf dem Weg zu einem reflexiven Diskurs unterstützt. Die systemischen Imperative Macht und Geld (vgl. Kapitel 2.3) fallen über den Supervisanden in Form seiner „Funktion" als

Klient, zu dem der Supervisor in zweckrationaler Beziehung steht, in den „Schonraum Supervision" (Schreyögg 1992: 106) ein und sollten über die Selbstreflexion
und Verantwortungshaltung des Supervisors im Prozess einer Supervision stets
mitgedacht werden. Dabei steht außer Frage, dass auch ein Supervisionsraum die
Faktoren Macht und Geld nicht vollkommen eliminieren kann, vielmehr sollen in ihm
systematisch verzerrte Kommunikationen aufgedeckt und zum Gegenstand einer
bewussten Reflexion werden.

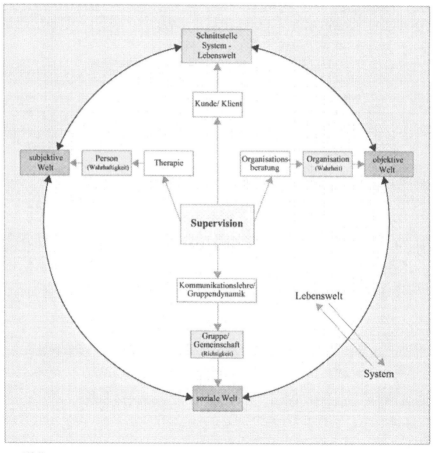

(Abb.3)

3.3 Ausblick: Die Theoriesynthese im Kontext der Arbeit

Im zweiten Teil der dieser Studie wird nun erstens anhand einer empirischen Studie in einem professionellen Radsportteam nach Hinweisen auf systematisch verzerrte Kommunikationen gesucht, wodurch zweitens die Notwendigkeit supervisorischer Praxis im Feld des Leistungsports vor Augen geführt werden soll. Im Anschluss an den oben dargelegten Versuch einer Theoriesynthese zwischen den habermas'schen Begrifflichkeiten und den Anliegen einer Supervision müssten sich organisatorische, kommunikative und psychische Konstellationen finden, die die Kommunikationsstrukturen des professionellen Radsportteams bestimmen und möglicherweise beeinträchtigen. Die Praxis der Supervision kann diese problematischen Konstellationen aufsuchen und durch die Methoden der Organisations-, Kommunikations-, und psychologischen Einzelfallberatung zum Gegenstand eines reflexiven Diskurses machen.

TEIL II: Qualitative Untersuchung

4. Rekonstruktion „sozialer Wirklichkeit"[26]-
„empirische Wirklichkeit" theoretisch reflektiert

Mit diesem empirischen Teil der Arbeit werden zwei Ziele verfolgt. Erstens wird der Versuch unternommen, die subjektiven Wahrnehmungen, intersubjektiven Kommunikationsmuster und Organisationsstrukturen eines professionellen Radsportteams, unter Zuhilfenahme des eingeführten habermas'schen Begriffsapparats und der sozialwissenschaftlichen Hermeneutik zu rekonstruieren. Zweitens soll anhand der dadurch gewonnenen Informationen gezeigt werden, dass angewandte Supervision im Feld des professionellen Radsports sinnvoll ist. Als Nebeneffekt der beiden Vorhaben wird der praktische Nutzen von Teilen der „Theorie des kommunikativen Handelns" an „sozialer Wirklichkeit" erprobt.

Diesen Zielen liegt ein Forschungsinteresse zu Grunde, das sich mit Kommunikationsstrukturen und deren Grundlagen im Allgemeinen und besonders mit deren Bedeutung im Leistungssport beschäftigt. Dabei ist dieses Interesse von der Annahme geleitet, dass bestimmte psychische, soziale und organisatorische Konstellationen (vgl. Kapitel 3) ein erfolgreiches Handeln[27], sowohl des Einzelnen als auch der Gruppe und Organisation, negativ beeinflussen können (vgl. Merton 1967: 321ff.).[28] Die beeinträchtigenden Konstellationen, so die Vermutung, gründen auf differenzierten Perspektiven mit denen die Akteure individuelle und soziale Ereignisse wahrnehmen und die schließlich das erfolgreiche Handeln der Interaktionsteilnehmer behindern (vgl. Kieser/ Kubicek 1978b: 146). Der Nachweis dieser Konstellationen und Perspektiven in der „empirischen Wirklichkeit" (vgl. Strauss/ Corbin 1996) einer professionellen Radsportmannschaft ist Gegenstand der folgenden empirischen Untersuchung.

Das Aufspüren der Konstellationen und Perspektiven kann dabei im Sinne Goffmans zunächst als die Suche nach dem Rahmen verstanden werden, der den Akteuren einer professionellen Radsportmannschaft innerhalb einer kommunikativen

---

26 „Empirische" und „soziale Wirklichkeit" werden nachfolgend synonym verwendet. Beide Begriffe sind im Sinne Berger und Luckmanns zu verstehen (vgl. Berger/ Luckmann 1970). Dabei ist Wirklichkeit „als Qualität von Phänomen zu definieren, die ungeachtet unseres Wollens vorhanden sind, wir können sie ver- aber nicht wegwünschen" (ebd. 1). In einer Untersuchung zur Rekonstruktion „sozialer Wirklichkeit" geht es nun darum herauszufinden, wie sich aus jeweils subjektiven Perspektiven „sozialer Wirklichkeit", intersubjektiv geteilte soziale Wirklichkeit entwickelt und umgekehrt (ebd. 21 f.).

27 Unter erfolgreichem Handeln ist die Verwirklichung einer Handlungsintention zu verstehen.

28 Vergleichend dazu der organisationstheoretische „Situative Ansatz" (vgl. Kieser/ Kubicek 1978b: 105).

Handlung als Orientierung dient (vgl. Goffman 1980; Soeffner 1989: 140). An diesem Rahmen richten die Interaktionsteilnehmer einerseits ihr jeweils eigenes Kommunikationsangebot aus, andererseits dient er als Interpretationshilfe des Kommunikationsangebotes eines Gegenübers. Daher muss nach dem Repertoire von typischen Bedeutungen, Handlungen und Auslegungen gesucht werden, dass das zu analysierende Radsportteam bestimmt und somit die wechselseitige Wahrnehmung und Handlungsorientierung der Akteure widerspiegelt (vgl. Soeffner 1989: 141f.). Mit anderen Worten: Es gilt zu zeigen, aufgrund welcher intuitiven Kommunikationsregeln[29] sich die Akteure im Rahmen des Teams verstehen und welche Organisationsformen damit einhergehen.

Nun sind es aber nicht nur scheinbar eindeutige Kommunikationsregeln, die die Interaktion der Akteure bestimmen, vielmehr sind unterschiedliche Perspektiven, Handlungsorientierungen und -einstellungen der Akteure zu vermuten, die lediglich von der Idealvorstellung eines gemeinsamen Deutungsrepertoires im Sinne eines Scheinkonsenses zusammengehalten und überdeckt werden. Solche Konstellationen in denen gemeinsame Kommunikationsregeln lediglich zum Schein aufrechterhalten werden, sei es bewusst oder unbewusst, sollen im weiteren Verlauf der Analyse veranschaulicht werden. Das wären dann freilich jene Situationen die Habermas unter dem Begriff „kommunikative Pathologien" beschreibt (vgl. 2.5).

Um dem Leser eine erste Orientierung zu ermöglichen, sei der Weg zur Umsetzung und Realisierung des Vorhabens kurz skizziert. Die nachfolgenden Überlegungen stehen in der Tradition qualitativer Sozialforschung. Deshalb ist es zunächst notwendig zu verdeutlichen, was eine qualitative Fokussierung im Allgemeinen bedeutet (4.1) und auf welche konkreten Methoden qualitativer Analysen in der vorliegenden Untersuchung zurückgegriffen wird (4.2). Im Anschluss daran folgt, über die Einführung relevanter Begriffe, eine Beschreibung des Forschungsfelds „Radsport" und ein kurzer Hinweis auf das Verhältnis des Autors zu dieser Sportart (4.3). Mit dem gewonnenen Wissen kann im nächsten Schritt eine weitere Annäherung an den Forschungsgegenstand - das professionelle Radteam Blau – vollzogen werden. Das geschieht zunächst durch eine Inhaltsangabe der Teambroschüre des Teams Blau, in der es sich selbst beschreibt, und die Ausgangspunkt der weiteren Überlegungen ist (4.4). Im Anschluss wird dann der Versuch einer Rekonstruktion „sozialer Wirklichkeit" im Team Blau unternommen. Dies soll über eine strukturierte Analyse der geführten Interviews im Team Blau gelingen, welche

---

29 Kommunikationsregeln werden hier nicht als eineindeutig definierbare Regeln verstanden, denn das würde implizieren, dass Kommunikationsverläufe unter der Bedingung absoluter Regelkenntnis vollständig vorhersagbar wären, wodurch das Postulat der Willensfreiheit verloren gehen würde (vgl. Habermas 2006). Vielmehr sind Kommunikationsregeln spezifische Handlungsanzeichen die Akteure nutzen, um ihre Handlung innerhalb einer Handlungskontingenz abzugrenzen und sich verständlich zu machen (vgl. Soeffner 1989: 147ff.).

dabei sukzessive in eine analytische Theorie[30] transformiert werden (5.). Im letzten Abschnitt werden die aus dem theoretischen Teil der vorliegenden Arbeit gewonnenen Erkenntnisse an der empirischen Wirklichkeit des Teams Blau erprobt und der Sinn von Supervision im professionellen Leistungssport veranschaulicht (5.7).

4.1 Theoretische Anmerkungen zur angewandeten Methodologie: Verstehen durch sozialwissenschaftliche Hermeneutik

Die folgende Analyse nutzt die Methodologie qualitativer Sozialforschung. Hinter diesem Oberbegriff versammeln sich zunächst verschiedenste Methoden und Verfahren, die in erster Linie ein gemeinsames Kennzeichen verbindet – sie unterscheiden sich von den Methoden der quantitativen Sozialforschung (vgl. Helfferich 2004; Flick 2002; Strauss/ Corbin 1996). Im Unterschied zu diesen suchen sie nicht in erster Linie nach allgemeinen, sondern vor allem nach spezifischen Besonderheiten gesellschaftlicher Zusammenhänge. Dabei zeichnet sich qualitative Forschung gerade durch ihren Methodenpluralismus aus, weil dieser es ihr erlaubt, der Komplexität „sozialer Wirklichkeit" angemessen entgegenzutreten. Qualitative Analysen können sich so am jeweiligen Untersuchungsgegenstand neu orientieren und ein für diesen geeignetes Verfahren wählen (vgl. Glaser/ Strauss 1967: 3). Infolgedessen ist qualitative Theoriebildung gegenstandsbegründet, da sie ihre Hypothesen ausgehend von der Befragung und Beobachtung des Forschungsobjekts in der „sozialen Wirklichkeit" entwickelt, um im Weiteren die Vielschichtigkeit alltäglicher Erscheinungen durch analytische Abstraktionen verdichten und schließlich erklärbarer machen zu können (vgl. Strauss/ Corbin 1996:3ff.). Qualitative Forschung interessiert sich somit zunächst für die Besonderheit im Allgemeinen, um dann die Annahme bestimmter allgemeiner Tendenzen gegenstandsbezogen bestätigen oder zurückweisen zu können (vgl. Adorno 1972: 204f.).

Dass im empirischen Teil dieser Arbeit insbesondere auf die sozialwissenschaftliche Hermeneutik im Allgemeinen (vgl. Soeffner 1984, 1989) und vor allem auf Elemente der „Grounded Theory" (vgl. Strauss/ Corbin 1996), des „verstehenden Interviews" (vgl. Kaufmann 1999) sowie der „sozialwissenschaftlichen Textanalyse" (vgl. Soeffner 1989: 41) zurückgegriffen wird, scheint die logische Konsequenz der Überlegungen zu Supervision und Jürgen Habermas im vorangegangen theoretischen Teil. Das wird klar, wenn man sich vor Augen führt, dass sozialwissenschaftliche Hermeneutik jenes reflexive Aufdecken, Auslegen und Verstehen von Einstellungen,

---

30 Analytische Theorie meint hier im Sinne von Kieser und Kubicek (vgl. Kieser/Kubicek 1978a: 14) eine erfahrungswissenschaftliche Theorie, die Phänomene der „sozialen Wirklichkeit" in allgemeiner und kritisierbarer Weise erklärbar und beherrschbar machen soll.

Handlungen und Regeln zum Ziel hat (vgl. Soeffner 1984: 17f.; Gadamer 1960: 177ff.), welches auch supervisorische Praxis und Jürgen Habermas zum Gegenstand ihrer Arbeit machen (vgl. Teil 1). Insofern kann man sozialwissenschaftliche Hermeneutik im Sinne einer empirischen Wissenschaft innerhalb der vorliegenden Arbeit als Bindeglied zwischen praktischer Supervision und habermas'scher Theorie betrachten (vgl. Giesecke/ Rappe Giesecke 1997: 34ff.).[31] Gewiss wird diese These erheblich untermauert, bedenkt man, dass Habermas selbst eine seiner geistigen Quellen in der Tradition wissenschaftlicher Hermeneutik findet (vgl. Habermas 1985: 213ff.).

Sozialwissenschaftliche Hermeneutik bezeichnet Soeffner als die Kunst der Auslegung des Alltags (vgl. Soeffner 1989). Damit verweist er implizit auf eine alltägliche Arbeitsweise handelnder Akteure die sich die Hermeneutik zu Nutzen macht, nämlich deren Auslegen, Deuten und Interpretieren alltäglicher Situationen. Die Wurzeln von Verstehen und Auslegen sieht Soeffner somit in der alltäglichen Kommunikation zwischen Menschen begründet, denn beides wird in der Alltagswelt immer schon unbewusst vollzogen (vgl. Kapitel 2.4 zu Habermas). Dabei nutzen Akteure typisierte Deutungs- und Auslegungsmuster zur Reduktion und Ordnung kontingenter Umwelteinflüsse, wodurch sie sich Sinnzusammenhänge erschließen und damit ein vertrautes Sicherheitsgefühl verschaffen können (vgl. Soeffner 1984: 13).

Dagegen zielt sozialwissenschaftliche Hermeneutik darauf ab, diese alltäglichen Deutungs- und Handlungsmuster selbst auszulegen und zum Gegenstand qualitativer Forschung zu machen (vgl. Gadamer 1960: 177ff.). Das was in der „Alltagshermeneutik" (vgl. Soeffner 1984: 49) also immer schon implizit und unreflektiert vollzogen wird, soll expliziert und intersubjektiv nachvollziehbar gemacht werden. Die Besonderheit dieses Verfahrens liegt nun nicht zuletzt darin begründet, dass sozialwissenschaftliche Hermeneutik die Prämissen und Regeln ihrer eigenen Auslegungs- und Rekonstruktionsverfahren in den Analyseprozess einbringt und reflexiv überprüft (vgl. ebd.: 14). Das kann ihr vor allem deshalb gelingen, weil sie nicht direkt in die zu untersuchenden Handlungssituationen eingebunden ist, vielmehr analysiert sie diese an „fixierten" Dokumenten wie zum Beispiel Interviewprotokollen, die eine vom Handlungsdruck befreite Forschung ermöglichen. Soeffner (vgl. ebd.: 19) formuliert zunächst drei methodische Prinzipien sozialwissenschaftlicher Hermeneutik:

---

31 Dass der Übergang zwischen Praxis, empirischer Wissenschaft und Theorie fließend ist, zeigt Soeffner am Beispiel eines Interviews, in dem der Interviewer im Verlaufe des Gesprächs zunehmend in die Rolle eines Therapeuten gedrängt wurde (vgl.1989: 210).

- Die Behandlung des Geschehens als Vergangenes.
- Die Sicherung des Vergangenen durch Dokumentation (Interview und - Interviewanalyse).
- Die Arbeitsfokussierung auf die Dokumente des Vergangenen, auf das Gewordene, in dem das Werden erstarrt und der ursprüngliche unmittelbare Handlungssinn sich eher versteckt als enthüllt.

Dass Soeffner diese Prinzipien eher als Rahmen denn als unwiderruflichen Grundsatz betrachtet, wird klar, wenn er darauf verweist, dass wissenschaftliche Methodik und Regeln häufig die Funktion einer Absicherung übernehmen, um Unvorhersehbares vorhersagbar zu machen. Gerade dagegen grenzt sich aber sozialwissenschaftliche Hermeneutik ab, indem sie darauf hinweist, dass eine überkomplexe Welt durch unzählige Deutungsmöglichkeiten beschrieben werden kann, die jeweils auch begründbar sind (vgl. ebd.: 19ff.). Um überhaupt ein annährend „objektives" Aufdecken und Verifizieren von Handlungszusammenhängen zu ermöglichen, richtet sich die sozialwissenschaftliche Hermeneutik nach folgenden Prämissen (vgl. ebd.: 24f.):

- Es gilt, nach der unwahrscheinlichsten Deutung, Lesart oder Möglichkeit in dem was als Deutungsmaterial zur Verfügung steht zu suchen. Erst dann kann das Deutungsmaterial so umfassend und die unterschiedlichen Deutungsalternativen so begründet wie möglich dargestellt werden.
- Die Methode, die Argumente für eine jeweilige Deutung liefern soll, muss begründet werden.
- Die Details (z.B. Textstellen), an denen Deutungen fundiert werden, müssen überprüfbar sein.
- Der Deutende muss auch die eigenen Lösungen und Erklärungen dem Zweifel aussetzen.
- Eindimensionale Erklärungen, seien sie kausaler, dialektischer oder struktureller Art, sollen bezweifelt und kritisch betrachtet werden.

Hermeneutische Wissenschaften sind somit keiner einzelnen Methode zuzuschreiben, vielmehr sind sie eine Methodologie. Die Auswahl der einzelnen Methoden für das jeweilige Analysefeld ist verhältnismäßig offen und muss diesem angepasst werden. Die Methode der sozialwissenschaftlichen Textanalyse, die neben den Methoden der „Grounded Theory" und des „verstehenden Interviews" für das Anliegen des empirischen Teils der vorliegende Arbeit besonders nützlich war, bezeichnet Soeffner als „methodologische Konsequenz einer empirisch fundierten Handlungstheorie" (Soeffner 2004: 15).

Sie rekonstruiert vor dem Hintergrund eines immer wieder zu exemplifizierenden intersubjektiv gültigen Bedeutungspotentials von Sinneinheiten die objektiv möglichen Schritte des Handelns in Bezug auf ein bestimmtes Handlungsziel hin und auf die damit verbundenen Selektionsprozesse. Wenn wir also so vorgehen, können wir behaupten: wir verfügen über einen relativ hohen Objektivitätsstandard. Konkret heißt dies, wenn wir sequenzanalytisch argumentieren, müssen wir in der Interpretation nachweisen, dass jeder vernunftbegabte, kompetente und sprachfähige Handelnde die Begründung seiner Handlung in eben in dieser Form geben würde. Hier wird also das konkrete interpretierende Subjekt eingebunden in den Schiedsspruch der Intersubjektivität. (Soeffner 2004: 15ff.)

Für Soeffner entsteht so ein „hermeneutisch-epistemisches Subjekt" (ebd.), also ein Erkenntnissubjekt das durch *deuten* erarbeitet wurde. Dabei muss dieses Erkenntnissubjekt, also das Deutungsergebnis oder der Interpretationsvorschlag einer Analyseeinheit, den Vorraussetzungen: Vernünftigkeit, Bewusstheit, Reflexivität und sprachliche Kompetenz, gerecht werden.

Je nach Interpret kann man ein Handlungsprotokoll mal so und mal so verstehen. (...) Das heißt, die Kontrolle, sowohl durch die Individuen, durch empirische Subjekte der Interpretationsgruppe als auch durch nachfolgende Interpreten erfolgt nicht nur im einfachen Nachvollzug einer Deutung, sondern auch dadurch, dass sich mit jedem Individuum das Lesartenrepertoire erweitern kann. Und das heißt: Der Gewinn eines hermeneutischen, sowohl rekonstruktiven als auch prospektiven Verfahrens besteht in der Reichhaltigkeit der durch dieses Verfahren zustande kommenden Interpretationshorizonte. (Soeffner 2004: 25ff.)

Sozialwissenschaftliche Hermeneutik ist somit eine Kunstlehre der Deutung, deren Ziel es ist den Sinn eines Textes, einer Äußerung oder einer Handlung zu verstehen. Deutung und Auslegung sind sprachliche Aktivitäten, das heißt, dass die Hermeneutik sich in der Regel an Texten orientiert und neue Texte hervorbringt. Dabei gleicht der Prozess des Deutens und Verstehens der Tätigkeit eines Übersetzers, der den zu verstehenden Sinnzusammenhang einer Kommunikationseinheit verständlich macht (vgl. Gadamer 1960: 387). Verstehen durch hermeneutische Interpretationen ermöglicht jedoch kein absolutes Wissen, vielmehr verleibt stets eine Differenz zwischen einer Handlung und seinem Verständnis durch *Andere*.

Die geistige Verwandtschaft zwischen sozialwissenschaftlicher Hermeneutik und habermas'scher Theorie wird an dieser Stelle besonders deutlich, wenn man sich nochmals das eingeführte habermas'sche Diskursverständnis (vgl. Kapitel 2.4) vergegenwärtigt. Habermas beschreibt das Einbringen von Geltungsansprüchen und deren reflexives Begründen als Diskurs in dem schließlich die plausibelsten Argumente anerkannt werden.

Im Folgenden wird nun der eingeführte methodische Rahmen, durch eine Darlegung der methodischen Umsetzung, präzisiert.

4.2 Methodische Umsetzung und Interviewauswahl

Wie weiter oben schon angedeutet wurde der empirische Teil dieser Arbeit insbesondere unter Zuhilfenahme der Methoden des „verstehenden Interviews" (vgl. Kaufmann 1999), der „sozialwissenschaftlichen Textanalyse" (vgl. Soeffner 1984, 1989) und der „Grounded Theory" (vgl. Strauss/ Corbin 1996) entwickelt. Die Ausführungen Kaufmanns zum „verstehenden Interview" waren in erster Linie für die Vorbereitungsphase und Datenaufnahme hilfreich. Die „Grounded Theory" und „sozialwissenschaftliche Textanalyse" boten reichhaltige Informationen und Anregungen vor allem für den Prozess der Auswertung und Strukturierung des Datenmaterials.

Da die angewandten Methoden eine gegenstandsbegründete Theoriebildung zum Ziel haben, war es auch für die vorliegende Untersuchung notwendig, zügig zum Untersuchungsgegenstand vorzudringen und Interviews zu führen. Nach einer kurzen thematischen Einarbeitungsphase musste dafür zunächst ein Leitfaden entwickelt werden, der das Forschungsinteresse des Autors (vgl. Kapitel 4) präzisierte. Zu diesem Zwecke wurde ein Explorationsinterview (vgl. Herr Groß) unternommen, das in Anlehnung an die Struktur – Lege – Technik (vgl. Flick 2002: 130) ausgewertet wurde. Daraus entwickelte sich ein Leitfaden (siehe Anhang) der folgende Bereiche abdeckte:

- Biographischer Hintergrund (Beginn der Radsportkarriere)
- Umfang einer professionellen Radsportgruppe (Zugehörigkeit)
- Kommunikation
- Ziele, Pläne und deren Umsetzung
- Leistungserwartung
- Mannschaftshierarchie
- Motivation/ Faszination am Radsport

Der Leitfaden wurde dabei im Sinne der wörtlichen Übersetzung des Begriffes genutzt. Das heißt, er diente dem Interviewführer während der weiteren Interviews als Orientierung und roter Faden, war dabei jedoch nicht mehr als eben nur ein solcher. Er bot den Interviewten Erzählanreiz, ohne in ein „Abhandeln" der Fragekomplexe zu verfallen. Vielmehr erlaubte er ein „freies" Erzählen in scheinbar natürlicher Gesprächssituation (vgl. Flick 2002: 117ff.). Nicht zuletzt war es aber wohl auch die

Möglichkeit zu ausführlichen Erläuterungen als Experte des Radsports, der den Erzählfluss der Interviewpartner anregte (vgl. ebd.: 139.). Die Interviews wurden mit einem Tonband dokumentiert. Die Interviewphase erstreckte sich über acht Wochen. Dadurch konnte der Leitfaden nach jedem Interview auf seine Angemessenheit gegenüber dem Forschungsgegenstand überprüft werden (vgl. Kapitel 4.1), jedoch ergab sich dabei keine Notwenigkeit für Veränderungen. Die Auswertung des Datenmaterials begann mit einer ersten „Übersetzung" (vgl. Bourdieu 1997: 397f.) des Tonbandmaterials in eine schriftliche Form durch Transkription. Mit dem Eintritt in den Analyseprozess nutzte ich Memos und Diagramme (vgl. Strauss/ Corbin 1996: 171ff.), wodurch Auffälligkeiten im Datenmaterial aber auch eigene Gefühlsregungen umgehend notiert werden konnten, die dann in die spätere Theoriebildung eingingen. Vor allem aber sollte so meine Interpretationsarbeit von Beginn an kritisch reflektiert werden, um die unumgängliche Verzerrung und „Neuschreibung" (Bourdieu 1997: 798) der Dokumente durch eine subjektive Betrachtungsweise so gering wie möglich zu halten (vgl. Jaeggi/ Faas/ Mruck 1998: 5f.). Eine intersubjektive Besprechung des Analysematerials konnte während der Forschungsarbeit nur an sechs Terminen realisiert werden, so dass an diesem Punkt eine einseitige Einschätzung kritisiert werden kann.

Im Anschluss an die Transkription wurde der jeweilige Interviewtext nach mehrmaliger Lektüre gebündelt, indem prägnante Textpassagen ausgewählt und neu zusammengesetzt wurden. Dadurch lag nun das ursprüngliche Interview in deutlich kürzerer und handhabbarer Fassung vor, ohne dabei Sinnzusammenhänge entscheidend verändert zu haben (vgl. ebd.). Im Folgenden wurde das gekürzte Textmaterial nochmals intensiv studiert, um bestimmte Auffälligkeiten und Phänomene herauszufinden, zu benennen und schließlich zu kategorisieren (vgl. Glaser/ Strauss 1967: 53). Der Originaltext wurde somit in eine immer abstraktere, analytische Form transformiert, wodurch jedoch das spezifisch Besondere eines jeden Interviews immer deutlicher hervortrat (vgl. Strauss/ Corbin 1996: 43ff.). Durch dieses Verfahren gelang es für einzelne Interviews Oberkategorien zu finden, in denen sich umfangreiches Textmaterial in kürzester Form widerspiegelt – so zum Beispiel die Kategorie des „Kulturträgers" (vgl. Kapitel 5.1). Dabei war der Prozess des Bündelns, Abstrahierens und Kategorisierens kein linearer, sondern vielmehr ein zirkulärer Prozess (vgl. Jaeggi/ Faas/ Mruck 1998), denn dem Bündeln, Abstrahieren und Kategorisieren folgten immer wieder auch das Aufbrechen scheinbar gefundener „Theorien" und deren Überprüfung an der „Wirklichkeit" des untersuchten Textes. Es handelte sich demnach um ein „ständiges Hin und Her zwischen Verstehen, aufmerksamem Zuhören, Distanzierung und kritischer Analyse" (Kaufmann 1999: 32). Zur Verfeinerung der Trennschärfe und Erklärungskraft der sich im Prozess der Analyse herauskristallisierenden Kategorien, zeigte sich die sozialwissenschaftliche

Textanalyse besonders geeignet. Mit ihrer methodischen Hilfe gelang es, tiefer in den Text einzudringen und die notwendige Sensibilität für das Erkennen scheinbarer Belanglosigkeiten auszubilden (vgl. Soeffner 1989: 185ff.). So zeigte sich beispielsweise die zunächst irrelevant erscheinende Häufung des Wortes „eigentlich" im Verlaufe der Untersuchung als besonders erklärungskräftiges Phänomen (vgl. Kapitel 5.3).

Erwiesen sich nun Kategorien auch nach mehrmaliger Prüfung am Textmaterial für die Beschreibung und Verdichtung der analysierten „sozialen Wirklichkeit" als geeignet, wurde versucht diese miteinander zu verbinden und in eine weitere theoretische Abstraktion zu transformieren – letztere bildete den ersten Baustein der „Grounded Theory" (vgl. Strauss/ Corbin 1996: 94ff.). Die aus dem empirischen Material entwickelte „Grounded Theory"[32] war es dann, die während der weiteren Rekonstruktion der Daten als „roter Faden" (vgl. ebd.) diente, um in der Fülle des Interviewmaterials navigieren zu können. Während der Interviewanalyse diente insbesondere ein mit diesem Verfahren eigens entwickeltes „Organisationsmodell" (vgl. Kapitel 5.1/5.2) als „roter Faden", welches aus einem Basisinterview entwickelt wurde und im weiteren Forschungsprozess gleichsam als „Brennglas" der weiteren Rekonstruktionsarbeit operierte.

Die Schilderung des Arbeitsprozesses, die aufgrund des Umfanges dieser Untersuchung nur skizzenhaft ausfallen kann, soll sich in der Darstellung der Arbeitsergebnisse widerspiegeln. Zunächst wird deshalb das Basisinterview (vgl. Kapitel 5.1/5.2) vorgestellt, bevor in einer ersten Zusammenführung der oben erwähnte „rote Faden" in Form einer vorläufigen „Organisationshypothese" des Teams Blau (vgl. ebd.) dargelegt wird. Von dieser ausgehend werden dann die weiteren Interviews vorgestellt, wobei einem jeweiligen Interview stets eine Zusammenfassung der Ergebnisse folgt. Letzteres ist notwendig, weil die konkrete Vorstellung der Interviews zuweilen diffus erscheinen kann. Dem hätte durch eine sinnstiftende Arbeit des Autors entgangen werden können, jedoch wäre dann die subjektive Prägung der Ergebnisse deutlich schwerwiegender ausgefallen. Dagegen konnten durch den Entschluss, zunächst eine etwas losere Darstellungsform der Interviews zu wählen, der dann eine zusammenfassende Bündelung folgt, zwei Dinge erreicht werden. Erstens kann der Leser das konkrete Interviewmaterial vorab selbst studieren und sich von der Komplexität „sozialer Wirklichkeit" überzeugen. Zweitens erhält er dann die Interpretation des Autors, die stets am Konkreten überprüfbar ist.

---

32 Kaufmann beschreibt ein ähnliches Verfahren zur Theoriegenese als Hypothesenbildung. Für die vorliegende Arbeit ergab sich daraus aber kein entscheidender Verfahrensunterschied (vgl. Kaufmann 1999: 136ff.).

Interviewauswahl

Als Interviewpartner konnten Mitglieder der professionellen Radsportgruppe Team Blau gewonnen werden, die im Kapitel 4.4 näher vorgestellt werden. Zusätzlich wurden Teilnehmer anderer Radsportprofimannschaften interviewt, von denen ich mir Referenzinformationen erhoffte. Dass die Interviews vorwiegend in einem Team geführt wurden, ergibt sich aus einem der Ziele der vorliegenden Arbeit, nämlich den Bedarf an Supervision im Leistungssport anhand einer professionellen Radsportmannschaft zu verdeutlichen. Deshalb war es notwendig eine spezifische Mannschaft anstatt einzelne Akteure verschiedener Mannschaften, im Feld des professionellen Radsports zu untersuchen. Die acht Interviews wurden in einem Restaurant, Fahrradladen, einer Raststätte und den Wohnungen der Interviewpartner geführt. Die Interviewdauer betrug zwischen 90 – 120 Minuten. Alle im Team Blau geführten Interviews wurden transkribiert und anonymisiert. Auf die Interviews bezogene Quellenangaben sind somit nicht real.

4.3 Feldeinführung und Feldzugang

Der Bund Deutscher Radfahrer (BDR) versammelt in den Bereichen Leistungs- und Breitensport insgesamt rund 150.000 Mitglieder die in 17 Landesverbänden organisiert sind. Das sportliche Großereignis „Tour de France" zählt nach der Fußballweltmeisterschaft und der Olympiade zu den bedeutendsten Sportveranstaltungen der Welt und zieht sowohl Sportler und Publikum als auch Medien, Politik und Wirtschaft in seinen Bann (vgl. Maxen 1998; Ullrich, Boßdorf 1997). Es ist somit nicht verwunderlich, dass Kinder und Jugendliche, wenn sie sich denn dazu entschließen einem Radsportverein beizutreten, die Teilnahme an der Tour de France zum Ziel haben (vgl. Fn.[33]). Der Weg dorthin ist freilich schwer und mit weniger Rampenlicht ausgestrahlt, als es das französische Etappenrennen verspricht (vgl. Becker 2004).

Radsporttreibende im Bereich des Leistungssports werden in verschiedene Kategorien unterteilt, die sich nach Alter, Leistung und der Finanzkraft des Sponsors unterscheiden.[34] So entwickelt sich ein Schüler, der mit 10 Jahren mit dem Radsport beginnt von der *U11*[35] über die *U13* zur *Schülerklasse*, der die *Jugend-* und *Junioren-*

---

33 Feldnotizen aus dem „Leben im Radsport" (vgl. Wacquant 2003) werden nachfolgend mit Fn. markiert.
34 Einen guten Überblick dazu bietet die offizielle Internetseite des BDR (vgl. http://www.rad-net.de).
35 U11 steht für Rennfahrer unter 11 Jahren, analog dazu sind U13 und U23 im gleichen Sinne zu verstehen.

bereiche folgen, die schließlich in der *Eliteklasse*[36] *U23* münden. Die U23 stellt eine Sonderform der *Eliteklasse* dar, in der die noch jungen Rennfahrer vier Jahre lang - gleich einem Schutzraum - eigene Rennen bestreiten können. Gleichzeitig dürfen sie aber schon an Rennen der *Eliteklasse* teilnehmen oder einen Profivertrag unterzeichnen. Die *Eliteklasse* unterteilt sich in verschiedene Leistungskategorien, wobei die Zugehörigkeit zu einer Leistungskategorie über vorgegebene Wettkampfergebnisse geordnet wird. Der Radsportler der *Eliteklasse* kann somit in eine nächsthöhere Kategorie aufsteigen, oder aber in eine niedrigere Kategorie absteigen. C-Elitefahrer besitzen das niedrigste Leistungsniveau, daran schließt sich die B-Elite an, der die A-Elite folgt. Über die A-Elitefahrer ordnen sich professionelle Radsportler, die in professionellen Sportgruppen organisiert sind. Professionelle Sportgruppen unterteilen sich analog zu den Eliteklassen in drei Gruppen, allerdings erfolgt diese Einteilung nicht mehr in erster Linie nach dem Leistungsprinzip, sondern nach der Finanzkraft des Sponsors. So muss ein *Pro Tour Team* zunächst vier Millionen Euro Bankrücklagen vorweisen, um eine Lizenz für diese höchste Kategorie des Profiradsports zu erhalten. Das darunter angesiedelte *Kontinentale Profi Team* soll rund 300.000 Euro an Sicherheiten nachweisen. *Kontinentale Teams*, die niedrigste Klasse professioneller Mannschaften, benötigen noch Liquiditätsbelege über rund 25.000 Euro. An die Lizenzen der einzelnen Kategorien sind diverse Pflichten und Rechte[37] gebunden, wie Mindestlöhne[38] und Startberechtigungen. An Großereignissen wie der „Tour de France" etwa dürfen nur *Pro Tour Teams* und über „Wildcards"[39] eingeladene *Kontinentale Profi Teams* teilnehmen. Die Zugehörigkeit der Sportler zu einem der professionellen Sportgruppen wird über Arbeitsverträge geregelt, die nicht zwingend an Leistung gekoppelt sein müssen.

Nachdem ein junger Rennfahrer von der Junioren- in die *Eliteklasse U23* aufgestiegen ist, ist es in der Regel sein Ziel, so schnell wie möglich einen Profivertrag zu erhalten. Das ergibt sich erfahrungsgemäß schon aus dem Zwang der finanziellen Eigenständigkeit gegenüber den Eltern mit dem Eintritt in das Erwachsenenleben. So wird die *U23-Klasse* einerseits zu einem Markt talentierter Nachwuchsfahrer, die sich

---

36 Der Name Eliteklasse ist der offizielle Oberbegriff für alle Radsportler der Männerklasse (älter als 18 Jahre), die nicht in professionellen Sportgruppen organisiert sind und kein Gehalt bekommen. Infolgedessen wird diese Fahrergruppe auch als Amateurklasse bezeichnet. Leistungssportler können indes sowohl Amateure, als auch Profisportler sein. Damit bezieht sich der Begriff des Leistungssports auf den Trainingsumfang, der Begriff des Profisports dagegen auf die Bezahlung sportlicher Aktivitäten.

37 Informationen dazu auf der Internetseite des internationalen Radsportverbandes (vgl. http://www.uci.ch).

38 30.000 Euro pro Jahr für Pro Tour Fahrer, 25.000 Euro für Kontinentale Profi Team Fahrer (vgl. Fn.).

39 Dies sind Teilnahmeberechtigungen, die einzelne *Kontinentale Profi Teams* zur Teilnahme an der Tour de France berechtigen. Sie werden nach der vorher erbrachten Mannschaftsleistung verteilt, wobei französische Mannschaften in der Regel bevorzugt werden (vgl. Fn.).

den professionellen Mannschaften anbieten und von diesen beäugt werden, anderseits zu einer Weggabelung, an der sich für den Versuch einer professionellen Karriere im Radsport oder aber die Ausbildung und Lehre in anderen Gesellschaftsbereichen entschieden werden muss. Dabei sind es nicht nur finanzielle Zwänge, die den Nachwuchsfahrer treiben, sondern vor allem auch ein Stück mehr Nähe zu erhofftem Ruhm, Glanz und öffentlicher Aufmerksamkeit (vgl. Armstrong 2000; Ullrich 2004; Becker 2004). Gleichzeitig interessieren sich auch Sponsoren hauptsächlich für eben diesen Ruhm bedeutender Rennen, da diese mediale Aufmerksamkeit versprechen. Mediale Aufmerksamkeit erlangen wiederum nur jene Radsportveranstaltungen, die Glimmer und Glanz versprühen, was aber wiederum nur durch eine hohe Finanzkraft realisierbar ist (vgl. ebd.; Maxen 1998). Aus dieser Schleife hoher Finanzkraft, öffentlicher Aufmerksamkeit, persönlichem Ruhm und finanziellem Nutzen entsteht eine problematische Situation für die Nachwuchsklassen des Radsports bis in den Bereich der *U23* hinein. Dabei spiegelt sich die allgemeine Situation knapper Kassen bei zunehmender Optimierung und Professionalisierung des Arbeitsprozesses auch im Radsport wider. Das bedeutet nicht, dass hier weniger Geld zur Verfügung steht, vielmehr wurde der Finanzstrom verstärkt in die Richtung professionellen Radsports gelenkt, in dem jedoch die finanzielle Zuwendung an Zwecke des eigenen wirtschaftlichen Nutzens der Sponsoren gebunden ist (vgl. Kapitel 5; Bette 1984).

Die Nachwuchsklassen versprechen nur mäßige öffentliche Aufmerksamkeit und folglich geringen finanziellen Nutzen, weshalb sich in der Regel nur Enthusiasten und Gönner zu einem Sponsoring in diesem Bereich entschließen (vgl. Fn.). Innerhalb der *U23* ist daher ein Trend zunehmender Professionalisierung zu beobachten, die sich in Geldzahlungen an die talentiertesten Sportler, einem größeren Fuhrpark sowie optischer Präsentation des Sponsors durch einheitliche Wettkampf-, Trainings- und Freizeitkleidung ausdrückt. In der *U23-Klasse* ist diese Professionalisierung noch am ehesten möglich, da den Rennfahrern und Sportgruppen dieser Kategorie in begrenztem Umfang die Teilnahme an höherklassifizierten Radrennen der professionellen Sportgruppen gestattet ist, was möglichen Sponsoren eine größere öffentliche Aufmerksamkeit verspricht (vgl. Fn.). Allerdings wird dadurch der oben erwähnte *Schonraum U23*, der jungen Sportlern Entwicklungs- und Entscheidungsspielraum gewähren soll, zunehmend eingeengt. Denn gerade längere Zeit der Lehre und Findung dulden professionelle Strukturen eher nicht, stattdessen zählen hier in der Regel lediglich Siege und Einschaltquoten (vgl. Kapitel 5). Die Konsequenz dieser Entwicklung ist eine abnehmende Anzahl von Nachwuchsfahrern auf die die professionellen Sportgruppen zurückgreifen können, denn eine breite Nachwuchsarbeit wird zunehmend schwieriger, da die finanzielle Förderung proportional zur öffentlichen Aufmerksamkeit abnimmt, also im Schüler- und Jugendbereich fast nicht mehr existiert. In dieser Situation befindet sich das Team Blau und sein Versuch, durch eine Symbiose von Nachwuchsarbeit und Profisport, im Sinne einer professionellen Nachwuchsarbeit, das strukturelle Dilemma zu überwinden.

Positionen und damit verbundene Aufgaben im professionellen Radsport

Trainer: zuständig für Training und Wettkampfvorbereitung einzelner Sportler; ***sportlicher Leiter***: koordiniert Wettkampfeinsätze der Sportler und leitet am Wettkampfort; ***Sportdirektor***: koordiniert die sportlichen Leiter; ***Manager***: Finanzplanung; ***Sponsor***: Finanzquelle; ***Mechaniker***: Wartung und Pflege der Fahrräder; ***Masseur***: allgemeines körperliches Wohlbefinden der Sportler

Feldzugang

Als langjähriger aktiver Teilnehmer im Radsport fiel mir der Zugang zum Feld vergleichsweise leicht. Sozialisiert in der ehemaligen DDR, gehöre ich dem Jahrgang von Sportlern an, der gleichzeitig mit der ostdeutschen Sportförderung in Berührung kam und den folgenden Umbruch sowie die neuen Förderungsstrukturen der Bundesrepublik kennen lernte. Die vier Jahre der U23 absolvierte ich in einer semiprofessionellen Mannschaft, bevor ich meine aktive Laufbahn im Jahr 2000 beendete. Nach einer dreizehnjährigen Karriere als Leistungssportler arbeite ich noch heute eng mit verschiedenen Bereichen des Sports im Allgemeinen und des Radsports im Besonderen zusammen. Das Team Blau begleite ich seit Jahren als Berater und Betreuer. In diesem Zusammenhang interessierte mich von Beginn an die Entwicklung dieser Mannschaft vom Nachwuchsverein zur professionellen Sportgruppe und die damit verbundenen Auswirkungen auf die einzelnen Sportler sowie die Kommunikations- und Organisationsstruktur. Da ich den Mitgliedern des Teams Blau hinreichend bekannt bin und mit ihnen eine freundschaftliche Beziehung pflege, war ihre Bereitschaft zu einem Interview zum Zwecke der vorliegenden Arbeit weitestgehend gegeben und positiv besetzt, wenngleich auch Ängste geäußert wurden, im Zuge der Befragung analytisch durchleuchtet zu werden. Durch eine Aufklärung über den Zweck und Sinn meiner Arbeit konnten diese Ängste jedoch gedämpft werden.

Mich als Forscher trieb eine andere Unruhe, die auf der Gefahr des zu engen Verhältnisses zum Forschungsgegenstand basierte. Aufgrund meiner Beziehung zu der Mannschaft Blau war die Balance zwischen Fremdheit und Vertrautheit, die im Verhältnis zum Untersuchungsgegenstand idealerweise vorherrschen sollte, deutlich zugunsten der Vertrautheit verschoben (vgl. Flick 2002: 86ff.). Bewusstermaßen begab ich mich so in die Gefahr, mit dem Forschungsobjekt zu sehr vertraut zu sein, als darüber extern reflektieren zu können. Die These Hildenbrands: „Je fremder das Feld, desto eher können Forscher als Fremde auftreten, denen die Forschungsobjekte etwas zu erzählen haben, das für den Forscher neu ist." (Hildenbrand 1995: 258), erwies sich jedoch, zumindest für die vorliegende Arbeit, als nicht zutreffend. Vielmehr war mein „Feldverständnis" von Vorteil, da so keine Verständigungsschwierigkeiten auftraten und ich als Gesprächspartner spontan anerkannt wurde (vgl. Bourdieu 1997: 781ff).

4.4 Team Blau – eine Selbstbeschreibung

Die nachfolgenden Ausführungen wurden in Form einer Inhaltsangabe verfasst. Die enthaltenen Informationen sind der Teambroschüre des Teams Blau entnommen, wobei versucht wurde diese sinngemäß wiederzugeben. Ein Verweis auf die Quellen verwendeter Zitate ist nicht möglich, da sämtliches Datenmaterial anonymisiert wurde.

Das Team Blau[40] hat seinen Ursprung in einer 1991 gegründeten Schülermannschaft, der zunächst 15 junge, regional beheimatete Radsportler angehörten. In dieser Anfangsgeschichte liegt die Besonderheit des Teams begründet, denn anders als in den meisten Radsportmannschaften entwickelte sich Team Blau zeitgleich mit dem Heranwachsen der Sportler. Das heißt die Rennfahrer wechselten nicht nach jeder Alterklasse zu einem Trainer und Verein der nächst höheren Altersklassen, sondern blieben über mehrere Jahre konstant bei einem Trainer und dem Team Blau. Die heutige Struktur des Teams Blau entspringt also der wechselseitig geprägten Entwicklung der Sportler, des Trainers und des organisatorischen Umfeldes.

Die organisatorischen Anforderungen an das Team Blau stiegen mit dem Heranwachsen der Sportler und deren Wechsel in die *Jugend-, Junioren-,* und schließlich *Eliteklasse* stetig an. Denn mit jeder Altersklasse nahm die Anzahl von nationalen und immer öfter auch internationalen Wettkämpfen zu. Dies erforderte umfangreicheres Rennmaterial, Fahrzeuge, Unterkünfte und schließlich finanzielle Unterstützung, die den organisatorischen Rahmen der sportlichen Aktivitäten gewährleistete. Mit dem Eintritt in die *Eliteklasse* musste man endgültig mehr Professionalität an den Tag legen, um konkurrenzfähig zu bleiben. Die Rennen wurden länger, und zunehmend nahm Team Blau an mehrtägigen Rundfahrten teil. Daher genügte nicht mehr nur ein Trainer zur Betreuung der Sportler, vielmehr wurden weitere Helfer notwendig, die Arbeiten wie die Massage der Sportler und Wartung der Fahrräder übernahmen. Dazu mussten zahlungskräftigere Sponsoren gewonnen werden, die die bisherige finanzielle Unterstützung, welche auf spo-

---

40 Team Blau änderte im Verlaufe seiner Entwicklung immer wieder seinen Namen. Anfangs trug es den Namen eines Vereins, der im Weiteren von den jeweiligen Namen der Sponsoren abgelöst wurde. Für die vorliegende Analyse ist dies nicht relevant, weshalb nachfolgend die allgemeine Bezeichnung Team Blau verwendet wird.

radischen, gönnerhaften Zuschüssen basierte, ablösten. 2002 fanden sich zwei neue Hauptsponsoren und die gute Leistung des Teams stabilisierte sich. Daraufhin intensivierte ein Sponsor sein Engagement, so dass im Jahr 2003 ein weiterer Schritt der Professionalisierung vollzogen werden konnte. Das Team Blau löste eine Profilizenz und wurde formal zu einem professionellen *kontinentalen Radsportteam.* Diese Einstufung als Sportgruppe der 3. Kategorie ermöglichte die Teilnahme an UCI-Profirennen[41], die selbst hochkarätigen Amateurteams der Eliteklasse verwehrt bleibt (vgl. Kapitel 4.3). Neben der organisatorischen Professionalisierung, die sich in einem umfangreichen Fahrzeugkontingent, sehr gutem Wettkampfmaterial, einheitlicher Bekleidung sowie weiteren Betreuern ausdrückte, verpflichtete Blau nun auch Rennfahrer auf nationaler Ebene. Damit vervielfachte sich einerseits die organisatorische Komplexität des Teams, andererseits wurde seine regionale Verankerung gelöst.

In der Saison 2003 wurden sehr gute sportliche Erfolge errungen, was die Fans begeisterte, Medienaufmerksamkeit auslöste und damit die Sponsoren hervorragend präsentierte. Die besten Rennfahrer wurden daraufhin von höherklassigen Rennställen abgeworben, was der Mannschaft den Namen „Talentschmiede" verschaffte, wodurch sich Team Blau weiter etablierte und seine Stellung in der nationalen Rennszene festigte. Neben seines Rufes junge Sportler zu fördern, wollte sich Team Blau aber auch sportlich weiterentwickeln. Das heißt man hatte das Ziel, an höherklassigen Rennen teilzunehmen und längerfristig den Status eines *Kontinentalen Profi Teams* bzw. *Pro Tour Teams* zu erhalten. Dafür war in erster Linie Geld notwendig, welches in Form weiterer Sponsoren gefunden werden musste. Im Jahr 2004 wurde ein neuer Sponsor für die Unterstützung des Teams begeistert, so dass der Etat des Teams aufgestockt werden konnte. Mit der finanziellen Verbesserung gingen auch strukturelle Veränderungen innerhalb der Mannschaft einher, so wurde neben dem Engagement eines Pressesprechers außerdem ein Teammanager eingestellt. Auf sportlicher Ebene spiegelte sich die organisatorische Weiterentwicklung in Form des Deutschen Meistertitels der U23 wider.

Für die Saison 2005 verstärkte sich Team Blau, sowohl unter finanziellen und organisatorischen Gesichtspunkten als auch in personeller Hinsicht, nochmals erheblich. Der Fuhrpark wurde ausgebaut, das Material ausgefeilter, die Renn- und Freizeitkleidung umfangreicher. Den Höhepunkt der Professionalisierung bildeten die Neuverpflichtungen international renommierter Rennfahrer, die das Team nun auch bei gutbesetzten Rennen mit der Profielite konkurrenzfähig machen sollten. Dabei sollte das Hauptaugenmerk weiterhin auf die Nachwuchsförderung gelegt werden. Die Bestätigung des Konzepts einer Mischung aus jung und alt, „den Kracher des

---

42 Die UCI ist der internationale Radsportverband. Dieser schreibt Radrennen, in Abhängigkeit vom Preisgeld- und Organisationsniveau der Veranstalter, unterschiedliche Wertigkeiten zu (vgl. http://www.uci.ch).

5. Die professionelle Radsportmannschaft Team Blau – Analyse der im Team Blau geführten Interviews

Das vorliegende Kapitel widmet sich dem Versuch, die „soziale Wirklichkeit" innerhalb der professionellen Radsportmannschaft Team Blau zu rekonstruieren. Dazu wird zunächst das Basisinterview (vgl. Kapitel 4.2) vorgestellt (5.1). Von diesem ausgehend werden die gewonnenen Informationen in einer ersten Zusammenführung in ein Organisationsmodell des Teams Blau transformiert (5.2), welches im Anschluss an weiteren Interviewtexten erprobt und um die Ebenen der intersubjektiven Kommunikationsmuster und damit einhergehenden kommunikativen Pathologien erweitert wird (5.3-5.6). Die zweite Zusammenführung setzt die aus der Interviewanalyse herausgearbeiteten Erkenntnisse mit Teilen der „Theorie des kommunikativen Handelns" in Beziehung (5.7).

5.1 Herr Klar – der Kulturträger

Herr Klar ist 48 Jahre alt und ein sportlicher Leiter des Teams Blau. Nachdem er seine sportliche Karriere beendet hatte, gründete er 1991 das Team Blau mit einer Schülermannschaft und engagiert sich seitdem ununterbrochen für diese Mannschaft. Parallel zum Heranwachsen der Jugendlichen und deren Aufstieg in die Jugend, Junioren und U23 Klasse stieg der Arbeitsaufwand von Herrn Klar stetig an (vgl. Kapitel 4.3). Im Zuge der Professionalisierung der Mannschaft wurden weitere Mitarbeiter eingestellt, um Herrn Klar zu entlasten. Sie übernahmen vor allem organisatorische und pflegerische Aufgaben. Das Interview mit Herrn Klar fand vor dem Hintergrund seiner heutigen Funktion als ein sportlicher Leiter im Team Blau statt.

Der Einstieg in den Radsport - „Ich bin da so reingewachsen..."

Auf die Frage wie Herr Klar zum Radsport gekommen ist und was ihn daran fasziniert und begeistert, antwortet er zunächst mit einer recht erstaunlichen Relativierung, bedenkt man die immense Zeit, die er mit dem Radsport verbringt.

> Es gab keinen Moment. Ich bin da so reingewachsen. (...) Na ganz objektiv, wahrscheinlich, wenn damals, weiß nicht, ein Leichtathletiktrainer gekommen wäre, mich zum Ausdauerlauf geschleppt hätte und ich die ganze Zeit Ausdauerlauf gemacht hätte, dann wäre ich jetzt wahrscheinlich begeisterter Ausdauerlaufexperte. (...) Wie gesagt bei mir war es Zufall, dass ich zum Radsport gekommen bin. (Klar: Z.21f.) (...) Da müsste ich jetzt lügen, wenn ich sagen würde, Radsport ist der einzige Sport auf der Welt, der es wert ist, seine Zeit damit zu verbringen. (Klar: Z.33f.)

Herr Klar nimmt offenbar eine eher passive Rolle gegenüber dem Radsport ein, der ihm scheinbar eher widerfahren ist, als dass er ihn bewusst gewählt hat. Die Wörter *„geschleppt"*, *"reingewachsen"* und *„Zufall"*[42] können dafür als Indizien interpretiert werden. Indem Herr Klar den Radsport betont objektivierend in eine gleichwertige Beziehung zu anderen Sportarten setzt, relativiert er aber nicht nur seine Stellung zum Radsport, sondern den Radsport an sich. Der Begriff und das Phänomen Faszination wird von Herrn Klar damit entschieden zurückgewiesen. Der Relativierung und Entzauberung, die Herr Klar auf den ersten Blick durch seine Antworten vermittelt, stehen jedoch andere Ausführungen gegenüber.

> Straßenradsport ist schon eine faszinierende Sache. (...) Also mir macht es immer noch Spaß, einfach dabei zu sein, Radrennen anzugucken, jedenfalls richtige Radrennen, und dann mitten drinnen zu sein, is natürlich denn noch schöner. (...) Der Deutsche Meister, das ist natürlich unbeschreiblich. (Klar: Z.38f.)

Es scheint als gibt es doch eine spezifische Faszination, nämlich richtige Radrennen, die dann begeisternd sind, wenn man mitten drin ist und dabei auch noch gewinnt. Außerdem signalisiert die Worteinheit *„immer noch"*, dass die Faszination nicht neu ist, sondern schon immer vorhanden war. Dieses kurze Ausbrechen, mit dem Herr Klar seinen Antwortmodus der scheinbar von außen objektiv vollzogenen Relativierung verlässt, korrigiert er jedoch sofort wieder.

> Aber das ist jetzt nichts Radsportspezifisches, das passiert Dir auch in anderen Sportarten, ein Fußballtrainer, wahrscheinlich, der hat das Erlebnis öfter, wenn ein Tor fällt oder wenn sie gewonnen haben. (Klar: Z.49f.)

Für die erste Analyseeinheit, die sich aus den Antworten zu der Frage des Ursprungs und der Begeisterung für die Arbeit im Radsport ergibt, ist also eine noch nicht näher spezifizierte Diskrepanz zu konstatieren. Einerseits beschreibt Herr Klar seine Stellung zum Radsport durch objektivierende und relativierende Aussagen, anderseits finden sich Aussagen der Begeisterung, die seine subjektive Gefühlswelt widerzuspiegeln scheinen. Es ist anzunehmen, dass Herr Klar hier sowohl eine „ideale" als auch eine „reale"[43] Selbstbeschreibung[44] seines Lebens im Radsport äußert (vgl.

---

42 Nachfolgend werden die im Fließtext der Analyse eingebetteten Zitate der Interviewpartner kursiv gesetzt und durch Anführungsstriche gekennzeichnet. Wenn Zitate aus anderen Interviewpassagen entnommen sind, wird dies durch einen Zeilenverweis markiert.

43 Ideal und Real, sind hier im Sinne eines Soll- und Istzustandes zu verstehen.

44 Unter Selbstbeschreibungen sind Beschreibungen zu verstehen, die ein Akteur nutzt, um sich selbst und seinem Gegenüber zu ermöglichen, ein Bild von sich machen zu können. Das heißt, mit Hilfe von Selbstbeschreibungen werden Sinnzusammenhänge erschlossen und Identität konstruiert, indem der Akteur versucht eins zu sein mit sich selbst, seinen Erfahrungen, Handlungen und seiner Handlungsperspektive (vgl. Soeffner 1989: 192).

Soeffner 1989: 185ff.). Mittels der „idealen Version" beschreibt sich Herr Klar als unabhängig vom Radsport, indem er ihn und seine Begeisterung für ihn relativiert. Denn er hätte ja auch Experte einer anderen Sportart werden können, die ihm ebenso Faszination und Erfolg geboten hätte (vgl. Klar: Z.33). Dabei ist zu vermuten, dass die objektivierenden Ausführungen die Funktion einer Selbstversicherung übernehmen, die Herrn Klar in seiner Unabhängigkeit von der Radsportwelt bestätigt, eine Unabhängigkeit, die die eher unbewusst geäußerte durchschimmernde „reale Version" bedrohen könnte. Letztere deutet auf eine erhebliche Faszination die Herr Klar mit dem Radsport verbindet.

Wer gehört zu einer Radsportmannschaft – „Vielmehr sind es ja nicht..."

Auf die Frage wer zu einer Radsport Mannschaft gehört, antwortet Herr Klar zunächst mit einer Unterscheidung zwischen Amateur[45]- und Profiradsport. Je professioneller der Radsport wird, um so mehr wird er zu einer Mannschaftssportart, dagegen kann Amateurradsport noch eher als eine Einzelsportart bezeichnet werden. Mit der Bezeichnung Mannschaftsportart meint Herr Klar aber scheinbar etwas anderes, als der Begriff zum Beispiel im Fußball oder Volleyball gebraucht wird.[46]

> Je höher die Professionalisierung ist, desto mehr geht es darum, dass die Mannschaft arbeiten muss, (...) da zählen wirklich nur die Erfolge der 2-3 besten Rennfahrer und alles andere ist egal. Wir sind auf einem mittleren Bereich, wo wir (...) versuchen, noch jedem seine Erfolgserlebnisse zu verschaffen, (...) zumindest einem großen Teil der Rennfahrer. (Klar: Z.66f.)

Freilich muss auch die Fußballmannschaft arbeiten, jedoch arbeitet die Fußballmannschaft für sich, indem sie gleichsam sich selbst zum Zweck hat. Im professionellen Radsport scheint dies anders, denn dort arbeitet die Mannschaft *„wirklich"* nur für den Erfolg einiger weniger. Wenn es demnach auch so scheint, als sei dies im Amateurradsport genauso, hat dort in der Regel noch jeder eine Erfolgschance. Damit grenzt Herr Klar das Team Blau einerseits von einer gängigen professionellen Praxis ab, indem er klarstellt, dass im Team Blau jeder seine Chance bekommt, andererseits macht er deutlich, dass dies nur ein Versuch sein kann. Die Möglichkeit individueller Chancen liegt also nicht nur in der Hand des Teams,

---

45 Unter dem Begriff Amateursport werden alle Radsportler subsumiert, die kein Gehalt bekommen. In der Regel zählen dazu auch die Fahrer der U23 Klasse (vgl. Kapitel 4.3).
46 Eine Fußballmannschaft gewinnt den Pokal durch eine gemeinsame Kraftanstrengung und am Ende hält jeder Spieler den Pokal in den Händen. Nicht der Superstürmer ist Pokalsieger, auch wenn er das finale Tor schoss, sondern die Mannschaft. Hingegen ist der Supersprinter der Sieger des Radrennens, der sich den Siegerkranz über den Kopf streift, auch wenn die Mannschaft ihm den finalen Spurt erst ermöglichte.

sondern wird offenbar auch von äußeren Zwängen fremdbestimmt. Nach dieser Abgrenzung und Klarstellung zählt Herr Klar, zögernd und scheinbar fassungslos zweifelnd über den Sinn der Frage, die Mitglieder einer Radsportmannschaft auf.

> Die Sportler, tja ne Mannschaft, das kann man jetzt auch nicht sagen, mit Sicherheit die Betreuer, mehr, vielmehr sind es ja nicht. Also ich bin teilweise allein gefahren mit, mit 6, lange Zeit sogar 8 Sportlern. Denn gibt es halt Masseure und Mechaniker die mithelfen, je nachdem welche Möglichkeiten man hat, sind es mehr oder weniger. Im Profibereich, weiß ich, fühlen sich die Mechaniker und Masseure eigentlich kaum noch als Teil der Mannschaft. (...) Die werden hin und her geschoben (...) und haben keinerlei emotionale Bindung mehr, (...) für die ist das ein Job wie jeder andere. (...) Bei uns ist das hoffentlich noch nicht ganz so. (Klar: Z.76f.)

Zu einer Radsportmannschaft werden hier zunächst die Sportler, Mechaniker und Masseure gezählt. Trainer, sportliche Leiter, Manager und Ärzte lässt Herr Klar bemerkenswerterweise unerwähnt. Das erklärt sich, wenn Herr Klar im gleichen Atemzug festhält, früher alles allein bewältigt zu haben, weshalb er sich auch heute nicht zwingend auf andere „Funktionäre" angewiesen fühlt. Hinter dem von Herrn Klar weiter oben genutzten kollektiven „wir" (Klar: Z.66) verbergen sich folglich Sportler, Betreuer und er selbst.

Im Weiteren greift Herr Klar seine oben eingeführte Unterscheidung in Amateur- und Profiradsport erneut auf und attestiert dem Betreuerstab im Profiradsport kaum noch emotionale Bindungen. Die Emotionslosigkeit rührt dabei aus einem fehlenden Handlungsspielraum der Betreuer, die fremdbestimmt und scheinbar willkürlich zum Einsatz kommen, wodurch Radsport zu einem „Job wie jeder andere" wird. Auch hier grenzt sich Herr Klar von seiner Beobachtung in doppelter Hinsicht ab. Erstens beschreibt er die Emotionslosigkeit der Anderen, womit er sich selbst etwas anderes als Emotionslosigkeit zuschreibt. Zweitens hofft er, dass das Team Blau, also Sportler, Betreuer und Herr Klar, trotz der zunehmenden Professionalisierung noch emotionale Bindungen besitzt. Schließlich wird deutlich, dass Radsport für ihn doch etwas Besonderes ist, eben nicht ein „Job wie jeder andere".

Damit zeigt sich, im Vergleich zur ersten Analyseeinheit, in dieser Zweiten geradezu eine Verkehrung des Verhältnisses von objektivierenden und emotionalen Beschreibungen. Schimmerten dort subjektive Emotionen lediglich unbewusst durch objektivierende Erklärungen hindurch, beschreibt Herr Klar nun Emotionsverlust durch zunehmende Professionalisierung - ein Prozess, den er offenbar eher bedauert als befürwortet. Während Herr Klar sich also zunächst eher emotionslos präsentierte, sind es nun gerade Emotionen, die er gegen zunehmend professionelle Strukturen in Stellung bringt. Eine nähere Bestimmung der professionellen Strukturen und damit auch die Spezifizierung weiterer Mitglieder des Teams Blau, ergibt sich erst aus späteren Interviewpassagen. Darin antwortete Herr Klar auf die Frage: Wer entscheidet im Team Blau und wer hat welche Funktion?

> Also im letzten Jahr, mehr oder weniger, hat Weißmann ein paar Ideen gehabt, ich hab ein paar Ideen gehabt, wir haben uns irgendwo zusammengerauft. Fern [Manager] hält sich bei der sportlichen Sache sowieso völlig raus, also im Prinzip wird das zwischen Weißmann und mir entschieden. (...) Ja, das ist ein großes Problem [Zuständigkeitsbereiche], wo ich eigentlich auch nicht viel zu sagen kann, weil diese, diese Strukturen im Team im Augenblick mächtig am wachsen sind und die noch nicht geklärt sind, (...) die Kompetenzen. (...) Wir machen erstmal die Fehler und schauen dann hinterher wie wir sie vermeiden können. Anders wird das wohl nicht werden. Letztlich ist das Aufgabe des Managers, (...) der hat den Hut auf. Im sportlichen Bereich entscheidet in letzter Instanz Herr Weißmann. (...) Äh in der Praxis äußert sich das eher nicht. (...) Letztendlich besteht die Hierarchie darin, dass der Sponsor jeder Zeit sagen kann ich gebe kein Geld mehr, dann is das Gespräch beendet. (Klar: Z.380f.)

Hier wird deutlich, gegen wen sich Herr Klar mit dem in vorherigen Interviewabschnitten geäußerten „*wir*" (Klar: Z.66) abgrenzt, nämlich den Manager Herrn Fern und den Sportdirektor Herrn Weißmann. Daraus wird nochmals ersichtlich wen er zum Team Blau zählt, nämlich Sportler, Betreuer und sich selbst. Gleichzeitig spricht er über sich entwickelnde professionelle Strukturen mit denen er direkt konfrontiert ist, während er diese bisher nur von außen analysierte.

Für den aktuellen Zustand und die Weiterentwicklung der Strukturen zeigt sich Herr Klar indes nicht verantwortlich. Denn einerseits erlaubt ihm die Entscheidungshierarchie keine Eigeninitiative, andererseits ermöglicht sie ihm erneut eine kritische Außenbetrachtung, da er schließlich nicht „*den Hut auf hat*". Dabei bezeichnet er die ihn ausschließende Entscheidungshierarchie als noch nicht endgültig gefestigt, da sie „*irgendwo*" getroffen wurde und noch „*mächtig am wachsen*" ist. Herr Klar hält sich so eine „Hintertür" offen, um es irgendwann besser zu machen und die Fremdbestimmtheit „seines" Teams Blau zu beenden. Aktuell jedoch ist sein Handlungsrahmen durch das „*wir*" (Klar: Z.66) bestimmt, das sich mit den Worten „*vielmehr sind es ja nicht*" (Klar: Z.76f) gegen die restlichen Teammitglieder abgrenzt. Schließlich macht er deutlich, dass es nur eine maßgebende Hierarchie gibt, nämlich die finanzielle Quelle in Form des Sponsors (vgl. Kapitel 5.5). Indem er zeigt, an welch seidenem Faden Team Blau hängt, relativiert er die innere Teamhierarchie und wertet sich selbst als „Erkennender" der Abhängigkeit auf. Seine eingeschränkte Handlungsfreiheit wird für ihn so erträglicher und „*äußert sich in der Praxis eher nicht*".

Kommunikation innerhalb des Teams – „Per Telefon und Internet... "

Die Frage wie oft man sich innerhalb des Teams sieht und direkt miteinander kommuniziert, beantwortet Herr Klar zügig. Nur der Teil der Mannschaft, der in der gleichen Region wohnt, sieht sich häufig zum Training.

> Die, die nichts miteinander zu tun haben, sehen sich nur am Wochenende zu den Radrennen bzw. (...) in einem Trainingslager (...). (Klar: Z.102f.)

Die Betreuer kommen ebenfalls nur selten geschlossen zusammen, da die Besetzung für die Rennen häufig wechselt. Der direkte persönliche Kontakt wird somit in der Regel durch das Telefon und Internet ersetzt. Innerhalb dieser Analyseeinheit sind vorerst keine differenzierten Beschreibungsebenen von Herrn Klar zu finden, vielmehr wird scheinbar objektiv der Kommunikationsalltag im Team Blau wiedergegeben.

Der Weg zum Erfolg – „Pläne und Vereinbarungen sind unsinnig... "

Herr Klar beantwortet die Frage nach besonderen sportlichen Erfolgen und die Vorbereitungspraktiken auf solche zunächst wiederum relativierend.

> Ach, das ist ganz unterschiedlich, bei manchen Sportlern freut man sich schon (...) wenn die mal pünktlich zur Abfahrt da sind (...). Ein Deutscher Meister ist schwer zu toppen, (...) [aber] Radrennen gewinnen ist immer schön, ganz egal wie klein sie sind. (...) [Dafür] Pläne und Vereinbarungen zu machen (...) halte ich für relativ unsinnig, weil man Radsport eine Sportart ist, wo du nicht planen kannst. Wäre ja schlimm wenn es so wäre, dann würde es mir auch kein Spaß mehr machen. (Klar: Z.121f.)

Ein pädagogischer Erfolg ist demnach die Erziehung der Sportler, ein sportlicher Erfolg wird dagegen durch Siege erreicht. Letzter wird zum Besonderen durch bedeutende Rennen wie die Deutsche Meisterschaft. Erstaunlicherweise hält Herr Klar Pläne und Vereinbarungen zur Vorbereitung auf Großereignisse für *„unsinnig"*, wohingegen Leistungssport in der Öffentlichkeit oft als durchrationalisierte Erfolgsproduktion beschrieben wird (vgl. Bette/ Schimank 1995; Hobermann 1994).

Vom Überraschungsmoment bei einem Radrennen und der Nichtplanbarkeit von Erfolgen ist Herr Klar offenbar fasziniert, womit er von der anfänglichen Relativierung der Begeisterung für den Radsport weiter abrückt (vgl. Klar: Z. 33ff.). Das Unvorhersehbare und Nichtplanbare wird jedoch im Weiteren doch noch relativiert und an das vorherrschende Bild vom Leistungssport in der Öffentlichkeit angeglichen.

Es gibt Trainingspläne, natürlich! Grundsätzlich (...) haben einzelne Sportler zu be-stimmten Saisonzeiten ihre Höhepunkte, wo se ihre Leistung abrufen sollen, (...) die wissen das, und der Rest der Mannschaft weiß das auch. (...) Manche Sachen sind auch ein bisschen vertraulich, man möchte manche Sportler nicht zu sehr unter Druck setzen. Bei manchen hilft, wenn man sie unter Druck setzt, bei manchen eher nicht. Das muss der Trainer schon versuchen vernünftig abzuwiegen. (Klar: Z.127ff.)

Die Rennfahrer haben demnach unterschiedliche Ziele, weshalb sie zu unter-schiedlichen Saisonpunkten ungleiche Leistungskapazitäten besitzen. Innerhalb eines Rennens soll immer derjenige unterstützt werden, der dieses Rennen zum Höhepunkt hat. Somit wird der Vorbereitete von den sich Vorbereitenden unterstützt. Es ist zunächst nur zu vermuten, dass diese Konstellation einer optimalen, homogenen Mannschaftsarbeit entgegensteht (vgl. Kapitel 4.3), da die Rennfahrer den Wettkampf mit unterschiedlicher Intention bestreiten. Denn während der Eine seine Leistungs-grenze erreicht, wird der Andere darauf bedacht dies möglichst zu vermeiden (vgl. Kapitel 5.3).

Weiterhin macht Herr Klar deutlich, dass sich die Teammitglieder über ihre jeweilige Vorbereitungsphase und Wettkampfplanung bewusst sind. Dass er aber auch strategische Überlegungen unternimmt, um mit Hilfe von „Informationshandel" Druck, nämlich den Druck der Erwartung sportlicher Höchstleistung an einem Termin X, von den Sportlern zu nehmen. Freilich entstehen dadurch Geheimnisse, auf die er jedoch nicht weiter eingeht. Zunächst ergeben sich aus der Analyse dieses Gesprächsabschnittes folgende Gegensatzpaare: pädagogischer und sportlicher Erfolg, Planbarkeit und Kontingenz, Vorbereitungs- und Wettkampfphase sowie Offenheit und Verschlossenheit, die erste Hinweise auf differenzierte Wahr-nehmungsmuster und daraus resultierende unterschiedliche Situationsdeutungen enthalten (vgl. Kapitel 4; 5.3-5.6).

Funktion innerhalb des Teams – „Die Sache am Rollen halten..."

Herr Klar beschreibt sich zunächst als Trainer und sportlicher Leiter zugleich und merkt an, dass sich diese beiden Funktionen nicht widersprechen. Eine genaue Aufgabendefinition gibt es indes nicht.

Äh, letztlich haben beide die Aufgabe, die Sache am Rollen zu halten. Meine Aufgabe im Team sehe ich darin, halt die U23 Sportler, äh, wirklich auch trainingsmethodisch zu betreuen und die Mannschaft im Ganzen, halt so vorwärts zu bringen, dass sie erfolg-reich ist. (...) Wir sind ja eine Mannschaft, die irgendwo dazwischen sitzt [zwischen U23- und Profimannschaft], und für U23 Sportler ist es unabdingbar, dass die einen Trainer haben, der ihnen sagt, was sie wann machen sollen. (...) Normal ist es im Profi-bereich üblich, dass der Sportler selber für seine Form zuständig ist. (Klar: Z.164f.)

Die Aufgabenbeschreibung von Herrn Klar bleibt zunächst eine diffuse „Sache".
Offensichtlich kann er diese Frage nicht so schnell beantworten wie die vor-
angegangenen Fragen. Er greift dann seine Unterscheidung in Amateurradsport, zu
dem er U23 Sportler zählt, und Profiradsport erneut auf (vgl. Kapitel 4.2). Mit dieser
Differenzierung erklärt er nun seine unterschiedlichen Funktionen im U23- und
Profibereich. Während er im Ersteren pädagogische und trainingsmethodische
Aufgaben erfüllt, sind für ihn im professionellen Kreis zunächst eher organisatorische
Fragen von Bedeutung, da Profisportler für ihre körperliche Leistungsfähigkeit
eigenverantwortlich sind. Bedenkt man, dass Herr Klar zunehmende Emotionslosigkeit mit steigender Professionalisierung diagnostizierte und sich dagegen
abgrenzte, ist anzunehmen, dass er sich eher mit dem U23- als dem Profibereich
verbunden fühlt. Eine Vermutung die durch die folgende Aussage gestärkt wird:

> Es kann sein, dass es irgendwann mal Konflikte gibt, (...) nur ist allen älteren Sportlern
> gesagt worden, dass das [die U23] unser Alleinstellungsmerkmal als Team ist (...) und
> die wissen eigentlich alle, dass sie an bestimmten Stellen, denn halt auch mal Abstriche
> machen müssen. (Klar: Z.194f.).

Das Team Blau wird also durch Herrn Klar als eine Mannschaft beschrieben, die
sowohl Amateure im Bereich der U23 als auch Profis im Kreise der Kontinental
Teams in sich vereint. Mittelpunkt seiner Arbeit ist dabei die Förderung der U23
Fahrer. Diese möchte er auf dem von ihm skeptisch beobachteten Weg in den
professionellen Radsport fördern und unterstützen. Die Funktion der älteren,
„gestandenen" Profis bleibt zunächst unklar, wobei klar ist, dass sie „Abstriche
machen müssen".

Ziel der Mannschaft – „Wahrnehmung der Nachwuchsförderung durch
die Öffentlichkeit... "

Das Ziel der Mannschaft ist es, die Sponsoren zufrieden zu stellen. Die Sponsoren
halten besonders deshalb zum Team, weil das Team Blau einen anderen Weg geht als
andere Mannschaften und insbesondere den Nachwuchs fördert.

> Deshalb muss es das Ziel sein, den Nachwuchs so vorzubereiten, dass das in der Öffent-
> lichkeit wahrgenommen wird. (...) Natürlich durch sportliche Erfolge und natürlich
> brauchen wir ältere Sportler, die auf anderen Gebieten, selbstverständlich für die ganz
> großen Highlights verantwortlich sein sollten. (Klar: Z.209.f)

Die Ziele der Mannschaft sind also die Nachwuchsförderung und Erfolge bei
sportlichen Highlights. Damit ist nun auch die Funktion der „gestandenen Profis"

näher definiert, nämlich das Siegen bei hochklassigen Rennen, trotz der *„Abstriche"* (Klar: Z.200).

> Es kann schon sein, dass es da irgendwann mal Konflikte gibt, ganz speziell natürlich nicht für die jüngeren, sondern für die älteren Sportler, wenn die (...) sich sagen, Mensch warum fährt der jetzt wieder so eine Rundfahrt. (Klar: Z.194)

Dass hier eine Situation mit Konfliktpotential vorliegt, scheint evident. Ältere Sportler sollen Höchstleistungen erreichen, obwohl sie in der Vorbereitung auf diese benachteiligt werden. Aktuell sieht Herr Klar das jedoch unproblematisch und verlegt den möglichen Konflikt in eine unbestimmte Zukunft.

Einer für Alle, Alle für Einen – „Tendenzen die die Mannschaft stören... "

Herr Klar bezeichnet den Satz „Einer für Alle, Alle für Einen" als eine Parole, die sich erst in der Praxis beweisen muss. Jeder noch so *„helfende Helfer"* (Klar: Z.234) empfindet sich als Individuum, weshalb ein Einzelner niemals alles für andere Teammitglieder geben wird. Im Team Blau versucht Herr Klar dies zu berücksichtigen, womit er sich von professionellen Praktiken abgrenzt. Es gibt keine Hierarchie, die von vornherein festlegt wer Helfer und wer Siegfahrer ist.

> Das wird sich von Woche zu Woche unterscheiden. (...) Es ist nicht so, dass wir einen Fahrer von vornherein als Helfer verpflichtet haben. (...) Wer sich nicht über den Erfolg der Mannschaft freuen kann, auch in der U23, hat dort letztlich nichts mehr zu suchen. (Klar: Z.239ff.) Wenn man sieht, dass da irgendwo Tendenzen sind, die die Mannschaft stören, dann muss man da halt eingreifen, indem man halt redet, (...) [und] durch pädagogische Gespräche, irgendwo in die Richtung lenken. (...) Das ist eigentlich (...) relativ gut gelungen, (...) bei älteren Sportlern ist es mir teilweise auch nicht gelungen. Dann gehe ich damit so um, die aus der Mannschaft im nächsten Jahr, äh, raus zu haben. (Klar: Z.367f.)

Auch diese Ausführungen enthalten implizit einen Gegensatz. Denn Herr Klar weist den Satz: „Einer für Alle, Alle für Einen!" im Sinne einer Teamhierarchie zunächst deutlich zurück, indem er Chancengleichheit betont und jedem ermöglicht auf eigene Faust zu fahren. Nur wenige Sekunden später bezeichnet er jedoch die Parole der Mannschaft, als so essenziell, dass er bei dessen Nichtbeachtung für Ausschluss plädiert. Hinter diesem Gegensatz könnte sich ein differenziertes Verständnis von Mannschaft verbergen. Einerseits scheint Herr Klar den Begriff Mannschaft im gemeinschaftlichen Sinne zu nutzen, in dem Mannschaft auf emotionale Bindungen und das gemeinsame Teilen eines Stückes „Lebenswelt" verweist. Andererseits verwendet er den Begriff im hierarchischen Sinne, wodurch eher auf eine funktionale, zweckrationale Zusammensetzung von Teilen verwiesen wird (vgl. Tönnies 1991: 3f.). Dabei erscheint Herr Klar innerhalb dieses Gegensatzes selbst etwas überfordert und orientierungslos, ein Zustand dessen *„störende Tendenzen"* er *„halt irgendwo in eine Richtung"* zu verändern versucht.

Was zählt innerhalb des Radsports – „Geld verdienen wollen sie alle... "

> Letztlich soll Radsport vor allen Dingen auch noch Spaß machen. (…) Und natürlich zählt am Ende, dass sie alle Geld verdienen wollen, das ist nun mal der Unterschied zwischen Profis und Amateuren. Aber (…) erfolgreich wollen sie so oder so sein. (…) Die Gesellschaft funktioniert am Besten wenn allen ihre Arbeit Spaß macht, dass das in der Praxis nun nicht immer so ist, mag sein, aber als guter Profi sollte man sich meiner Ansicht nach darüber im Klaren sein, dass man das gnadenlose Privileg (…) hat, dass man eigentlich mit dem was einem Spaß macht Geld verdienen kann. Und wer das nicht begreift, sollte sich eigentlich einen anderen Beruf suchen. (Klar: Z.255f.)

Herr Klar erklärt Spaß und Geld zu den Grundvoraussetzungen des professionellen Radsports und sieht beide als grundsätzlich vereinbar miteinander an. Wobei er erneut eine Differenz zwischen Amateur- und Profiradsport konstatiert, die sich aus *„Spaß"* und *„mit Spaß Geld verdienen"* ergibt. Spaß wird im Profiradsport für Herrn Klar offenbar zur Pflicht, andernfalls droht Ausschluss. Damit scheint es so, als verbanne er alle *„ernsten Belange"* aus dem Feld des Radsports, denn schließlich ist Spaß nicht Ernst. Das könnte als eine Generalrechtfertigung gegenüber allen möglichen Konflikten und gleichzeitig als eine prophylaktische Absage an alle eventuellen Forderungen gegenüber Herrn Klar interpretiert werden (vgl. Kapitel 5.3.1/5.4.1). Gleichzeitig wird deutlich, dass neben dem Spaß auch etwas anderes im Radsport existiert, denn *„eigentlich soll Radsport auch noch Spaß machen"*.

Erwartungen an Herrn Klar – „Blöde Frage... "

Druck von Seiten des Sponsors bezüglich sportlicher Erfolge verspürt Herr Klar nicht. Auf die Frage ob er irgendwie zwischen Sponsor und Sportler steht, reagiert Herr Klar unerwartet angegriffen und aggressiv.

> Blöde Frage! Wo ich steh! (…) Ich habe mit beiden Kontakt, aber warum muss man da jetzt sagen, man steht (…) irgendwo zwischen? Warum muss man sich über so was Gedanken machen? (Klar: Z.290f.)

Dieser kurze Ausbruch wird von ihm nicht weiter expliziert. Herr Klar sieht hier vermutlich erneut seine Unabhängigkeit gefährdet, die er im Verlaufe des Interviews immer wieder unterstrich. Diese wäre durch eine objektive Position zwischen

Sponsor und Sportler möglicherweise bedroht. Ebenso gefährdet scheint die von ihm beschriebene relativ harmonische Stimmung des Einverständnisses, in der die Ziele von Herrn Klar, des Sponsors und Sportlers ineinander aufgehen. Vielleicht sind es also die oben schon erwähnten Soll – Beschreibungen von Unabhängigkeit und Harmonie, die hier mit der Frage nach dem Ist – Zustand kollidieren und Herrn Klar reizen. Auf die Frage was der Sponsor von ihm erwartet, antwortet er sehr viel ruhiger.

> Dass die Mannschaft Erfolg hat, aber auch, dass die Mannschaft sich gut darstellt und [sie] das Gefühl [haben], dass in der Mannschaft insgesamt ein gutes Klima ist, definitiv. (…) Das ist fast gleichwertig wichtig, wie sportlicher Erfolg. Wenn (…) der mal nicht da ist, weil objektive Umstände dem entgegenstehen, kann es sein, dass der Sponsor trotzdem zufrieden ist. (…) Der Sponsor möchte ein positives Image, (…) das kann man erreichen indem man jedes Radrennen gewinnt, (…) aber auch indem man öfter mal abgehängt wird, aber sich sympathisch präsentiert. (Klar: Z.300f.)

Hier findet sich erneut das nun schon bekannte Phänomen der Diskrepanz innerhalb der Aussagen des Herrn Klar. Einerseits kann man gewinnen, andererseits kann man abgehängt werden. Beide Gegensätze vereint Herr Klar über den Spaßfaktor. Ist dieser gegeben ist das Wettkampfergebnis egal, denn die Stimmung im Team ist gut und das positive Image des Sponsors gewahrt. Das positive Image ist also die gute Stimmung, ob der Sponsor das nun durch die Unterstützung einer Fußballmannschaft erreicht oder durch eine Investition in den Radsport ist unerheblich und zufällig (vgl. Klar: Z.341). So sieht es Herr Klar zumindest in Bezug auf das Team Blau, bei den *„ganz großen Nummern ist das vielleicht anders"* (Klar: Z.346). Wer sich hinter letzteren verbirgt, bleibt unausgesprochen. Wie im weiteren Verlauf noch deutlich werden wird, gibt Herr Klar hier eine Perspektive wieder, die nicht alle Team-mitglieder teilen (vgl. Kapitel 5.5/ 5.6).

Erwartungen der Sportler an Herrn Klar

Auf die Frage was die Sportler von ihm erwarten, antwortet Herr Klar erst nach längerem Zögern.

> Dass ich ihn ernst nehme, dass ich viel mit ihm kommuniziere und dass sie natürlich alle Rennen bekommen, die sie haben wollen, dit is sicherlich in der Praxis nicht durch-führbar. (…) Also muss man versuchen, das so rüberzubringen, dass jeder Sportler so einigermaßen zufrieden ist. (…) Und ja ansonsten müsste man mal die Fahrer fragen was sie so von mir erwarten. (Klar: Z. 348ff.)

Vertrauen, Kommunikation und Renneinsätze sind demnach die Ansprüche, die Herr Klar seitens der Rennfahrer an ihn vermutet, während er den Aspekt einer längerfristigen Trainingsplanung nicht in seine Überlegungen einbezieht. Dabei erklärt er einerseits, dass ein allen Sportlern gerecht werdendes Wettkampfprogramm in der Praxis nicht immer realisierbar ist und deutet anderseits an diesen Umstand vor den Sportlern zu kaschieren, um die allgemeine Zufriedenheit zu wahren. Im Vergleich mit den noch darzulegenden Interviews der Fahrer Mutz (vgl. Kapitel 5.3) und Sonne (vgl. Kapitel 5.4) wird deutlich werden, dass diese der Problematik der Zufriedenheit und des Kaschierens erheblich mehr Bedeutung beimessen und aus einer gänzlich anderen Perspektive betrachten. In der folgenden ersten Zusammenführung sollen die gewonnen Erkenntnisse nun gebündelt und in eine analytische Abstraktion transformiert werden, um so spezifische Besonderheiten präziser und trennschärfer fassen zu können.

5.2 Erste Zusammenführung: Die institutionalisierte „sowohl als auch Kultur"

Aus der Analyse des Interviews mit Herrn Klar geht eine Vielzahl von Gegensätzlichkeiten hervor. Im weiteren Verlauf der Auswertung wird deutlich werden, dass sich diese Gegensätzlichkeiten auch für das Team Blau als Organisation und die Kommunikationsmuster seiner Akteure ergeben.

Aufgrund der analogen Phänomene, die sich bei Herrn Klar und dem Team Blau finden, kann Herr Klar als Träger einer Kultur[47] betrachtet werden, welche sich als **„sowohl als auch Kultur"** bezeichnen lässt. Hauptmerkmal dieser Kultur ist offenbar die Institutionalisierung eines Rollenkonfliktes (vgl. Dahrendorf 1968: 76ff.; Coburn – Staege 1973: 34f; Wiswede 1977: 115ff.). Letzterer äußert sich darin, dass an Herrn Klar sowohl spezifische Anforderungen und Erwartungen in seiner Rolle als Trainer, als auch in der des sportlichen Leiters gestellt werden. Mit den unterschiedlichen Rollenerwartungen gehen innerhalb des Teams Blau vermutlich differenzierte Organisationsziele, -prinzipien und -folgen, sowie unterschiedliche Integrationsprinzipien und Handlungseinstellungen in zwei verschiedenen Handlungsräumen einher. Damit würde die Institutionalisierung des Rollenkonfliktes von Herrn Klar durch den Doppelstatus des Teams Blau erfolgen, indem es vorgibt, zugleich nachwuchs-

---

47 Unter Kultur werden im weiteren Verlauf folgende Phänomene subsumiert: „(...) Die von einer Gruppe gemeinsam gehaltenen grundlegenden Überzeugungen, die für die Gruppe insgesamt typisch sind. Sie beeinflussen Wahrnehmung, Denken, Handeln und Fühlen der Gruppenmitglieder und können sich auch in deren Handlungen und Artefakten (Symbolen) manifestieren. Die Überzeugungen werden nicht mehr bewusst gehalten, sie sind aus der Erfahrung der Gruppe entstanden und haben sich durch die Erfahrung der Gruppe weiterentwickelt, d.h. sie sind gelernt und werden an neue Gruppenmitglieder weitergegeben." (Sackmann 1996: 56)

fördernde Gemeinschaft und professionelle Organisation zu sein (vgl. Merton 1967: 321ff.). Wenn sich nun die Logik einer Organisation aus den individuellen und inter-subjektiven Interaktionsmustern ihrer Organisationsmitglieder erschließt (vgl. Soeffner 1989: 199ff.; Richter 1999: 229ff.), dann muss aus den Ausführungen von Herrn Klar in seiner Funktion als Kulturträger[48] die vorerst nur angenommene „sowohl als auch Kultur" des Teams Blau hervorgehen.

„Sowohl als auch" Erklärungen sind im Interview mit Herrn Klar von Beginn an auffallend. Er nutzt diese offenbar bewusst und unbewusst zugleich, um sich und seinem Gegenüber die Gegensätzlichkeiten zu erklären, denen er sowohl subjektiv auf persönlicher, als auch objektiv auf organisatorischer Ebene gegenübersteht. Einerseits minimiert er seine Emotionen[49] zum Radsport durch eine objektivierende Betrachtung, anderseits sind es gerade Emotionen, die er gegen den rationalen Profiradsport in Stellung bringt. Die konträren Antworten könnten, wie weiter oben schon angedeutet, mit einem Abhängigkeitsgefühl in Verbindung stehen, das wieder-um mit der Doppelrolle als Trainer und sportlicher Leiter korrespondiert. Gegen dieses Gefühl scheint sich Herr Klar abgrenzen zu wollen, indem er seine kontingenten Gefühle objektiv zu ordnen versucht und sich dabei gleichzeitig über seine Unabhängigkeit vom Radsport vergewissert. Dabei muss das Abhängigkeits-gefühl in doppelter Hinsicht in die Überlegungen eingehen. Einerseits scheint aus Rechten und Pflichten resultierende emotionale Abhängigkeit innerhalb der gemeinschaftlichen Gruppe Blau bedeutsam (vgl. Hochschild 1990: 40ff.), anderseits zeigen sich zweckrationale Abhängigkeiten in den erfolgsorientierten Bindungen der professionellen Organisation Team Blau (vgl. Klar: Z.408f.).

Damit wird deutlicher, dass die Ambivalenz der Antworten von Herrn Klar, die zwischen emotional und rational, subjektiv und objektiv sowie Unabhängigkeit und Abhängigkeit oszillieren, den ambivalenten **Organisationsstatus** des Teams Blau widerspiegelt. Dessen **Organisationsform** schwebt offenbar idealtypisch zwischen gemeinschaftlicher Gruppe und professioneller Organisation, so wie Herr Klar zwi-schen den **Organisationsrollen** des Trainers und sportlichen Leiters pendelt. Dabei finden sich auch für die übrigen Organisationsteilnehmer doppelte Rollenbeschrei-bungen. So ist es in der Sportgemeinschaft der Amateur, der durch einen enthusi-

---

48 Unter einem Kulturträger verstehe ich hier einen Akteur, der, bewusst oder unbewusst, gleichsam eines Generators, eine spezifische Kultur reproduziert und an andere Akteure weitergibt.
49 Unter Emotionen und emotionalen Bindungen sind nachfolgend Empfindungen und zwischen-menschliche Beziehungen zu verstehen, die einem Akteur von innen heraus, in Form von positiven oder negativen Gefühlen, „widerfahren" und ihn an Handlungssituationen oder Handlungspartner binden. Davon grenzen sich von außen, zum Beispiel durch Geld und Macht, motivierte Bindungen ab, die zwischen Handlungspartnern vermutlich eher Gleichgültigkeit evozieren (vgl. Gerhards 1988: 16; Ulich/ Mayring 1992: 55f.).

astischen Gönner unterstützt wird, wohingegen im Profiteam den Profi ein Sponsor finanziert (vgl. Merton 1967: 321ff.).

Mit den Kategorien Organisationsstatus, Organisationsform und Organisations-rolle, die für eine Sportgemeinschaft und ein Profiteam jeweils unterschiedliche Merkmale besitzen, stehen nun differenzierte **Organisationsziele** in Verbindung. Während die Sportgemeinschaft sich primär zum Zwecke des gemeinschaftlichen Spaßes in der Freizeit zusammenschließt, ist es die Aussicht auf wirtschaftlichen Nutzen, der die Teilnehmer eines Profiteams zum existenziellen Gelderwerb vereint (vgl. Simmel 1992: 392ff.). Dabei schließen sich Spaß und Gelderwerb nicht zwingend aus, vielmehr werden hier im habermas'schen Sinne differenzierte **Handlungsorientierungen** deutlich, über die die Akteure ihre Handlungen entweder verständigungsorientiert oder erfolgsorientiert koordinieren (vgl. Kapitel 2.2).

Die primären Ziele stehen mit sekundären Zielen, wie pädagogischem Erfolg und sportlichem Sieg im Zusammenhang. Während der Trainer Herr Klar einen großen Einfluss auf die Sozialisation der Sportler in der Pubertät und Adoleszenz ausübt, soll und muss der Lehr- und Lernprozess im Profibereich abgeschlossen sein, denn dort reicht in der Regel nur noch der Sieg[50] zum wirtschaftlichen Nutzen (vgl. Klar: Z.367f.). Es scheint jetzt ganz offensichtlich, dass die Ziele der jeweiligen Orga-nisationsform mit verschiedenen **Organisationsprinzipien** korrespondieren. So ordnet sich die Sportgemeinschaft nach dem Prinzip der Anerkennung die idealerweise emotional verankert ist.[51] Das beschreibt Herr Klar wenn er darüber spricht, jungen Sportlern nach der Maxime wechselseitiger Annerkennung Rat zu geben (vgl. Honneth 2005). Im Anschluss an Tönnies (vgl. Tönnies 1991: 12f.; Richter 1999: 31ff.) kann räumliche Nähe dabei als ein entscheidender Faktor für die emotionale Bindung innerhalb einer Gemeinschaft gelten, wohingegen räumliche Entfernung eher auf andere Formen sozialer Bindung verweist. Dieser Gegensatz von Nähe und Entfernung findet sich auch in den Ausführungen von Herrn Klar. So beschreibt er implizit, wie innerhalb der früheren regionalen Organisation des Teams eher vertraute und familiäre Strukturen herrschten, die es ihm ermöglichten seine Aufgaben allein zu bewältigen (vgl. Klar: Z.76ff.). Heute hingegen wächst das Team Blau auf internationaler Ebene wodurch sich der Spezialisierungsgrad stetig erhöht (vgl. Kieser/Kubicek 1978b: 121). Direkte Kommunikation wird durch indirekte Verständigung via Internet und Telefon ersetzt und weitere Mitarbeiter wurden eingestellt. Auch wenn Herr Klar offenbar eine Affinität zu einem gemeinschaftlichen

---

50 So wird bei bedeutenden Rundfahrten wie der Tour de France nur noch der Sieger geehrt, Zweit- und Drittplatzierter bleiben vom Podium fern.

51 Axel Honneth beschreibt in einer Reformulierung des Begriffes der Verdinglichung anschaulich den Unterschied zwischen anerkennender und empfindungsloser Einstellung. Durch letztere werde der Interaktionspartner lediglich als empfindungsloses Objekt wahrgenommen (vgl. Honneth 2005).

Gefüge besitzt, bleibt festzuhalten, dass professionalisierte Strukturen zunehmend die Organisationsrealität im Team Blau darstellen. Hier ordnen sich die Akteure aber nicht mehr über das Prinzip der Anerkennung, sondern nach der Logik monetärer und materieller Verfügungsgewalt[52] (vgl. Simmel 1992: 392f.). Anerkennung resultiert dabei nicht mehr aus wechselseitigem Respekt vor der individuellen Lebenserfahrung, sondern aus den finanziellen Ressourcen des Gegenübers (vgl. Klar: Z.367/520f.). Aus der ursprünglichen Gemeinschaft Team Blau entwickelt sich die professionelle Organisation Team Blau.

Organisationsförmige Sozialbeziehungen lassen nun aber nach Habermas kommunikatives Handeln kaum zu, vielmehr verlagern sie es an die Peripherie und ersetzen es durch mediengesteuertes zweckrationales Handeln (vgl. Habermas TKH Bd.2: 231). Diese theoretische Annahme differenzierter **Handlungseinstellungen**[53] findet ihren empirischen Beleg am Beispiel der veränderten Aufgabeninhalte, die sich im Verlaufe der Entwicklung von der Gemeinschaft zur Organisation herauskristallisieren. Innerhalb der Organisation ist es jetzt nicht mehr der Trainer, der eine gemeinschaftliche Gruppe mit Hilfe *„pädagogischer Gespräche"* (vgl. Klar: Z.367) und *„väterlicher Liebe"* (vgl. Sonne: Z.86f.) lehrt und leitet. Vielmehr ist es ein sportlicher Leiter, der die Mannschaft durch Auswahl und Prüfung optimal zusammenstellt und koordiniert (vgl. Kieser/Kubicek 1978b: 121f.). Der Trainer hingegen steht zu professionellen Radsportmannschaften nur noch in einem externen Verhältnis. Er ist nicht mehr für ein Team tätig, sondern für einen Sportler von dem er auch bezahlt wird (vgl. Herbst: Z. 195ff.). Damit steht der Trainer nur noch an der Peripherie der Organisation und zählt zu dem Bereich der Eigenverantwortung des Profisportlers, der für seine körperliche Fitness selbstverantwortlich ist (vgl. Klar: Z.172). Während der Trainer eine nicht unerhebliche Kontrollfunktion ausübt, indem er beispielsweise die Trainingsausführung kontrolliert, genügt dem sportlichen Leiter die bloße Prüfung der Leistungsfähigkeit. Die Legitimation zur Kontrolle und Prüfung scheint dabei unterschiedlichen Ursprungs. Wie sich zeigte (vgl. Klar: Z.367/520f.) legitimiert den Trainer offenbar die Anerkennung des Sportlers, der sportliche Leiter hingegen erhält seine Legitimation in erster Linie durch seine monetäre und materielle Verfügungsgewalt. Mit dieser Unterscheidung der Legitimation kann die von Goffman (vgl. Goffman 1980: 60ff.) vorgenommene Differenzierung zwischen Spiel und Ernst in die Überlegungen eingebracht werden. Betrachtet man Radsport innerhalb der Nachwuchsklassen als eine eher spielerische

---

52 Aus dem Interview mit Herrn Herbst ging hervor, dass Siegfahrer zu einem Team als Helfer wechseln, auch wenn sie wissen, dass dadurch das öffentliche Interesse an ihnen sinkt. Entscheidend ist die Summe ihres Gehaltes (vgl. Herbst: Z.510ff.).
53 Dabei sind subjektive Handlungseinstellungen über die zu erwartende Reaktion des Interaktionspartners zugänglich, da sich erstere an letzterer orientiert. Das heißt A orientiert seine Handlungseinstellung an der zu erwartenden Reaktion von B (vgl. Soeffner 1989: 142).

Tätigkeit, so wird diese mit zunehmendem Aufstieg in professionelle Strukturen „moduliert" (ebd.). Es ist dann zwar immer noch die Tätigkeit des Radfahrens innerhalb des „Rahmens" (ebd.) Radsport, jedoch findet diese nicht mehr in erster Linie in spielerischer Form zum Zwecke des Spaßes statt, sondern in ernster Form zum Zwecke der Existenzsicherung. Im professionellen Radsport reicht dann freilich nicht mehr nur ein pädagogischer Erfolg wie das pünktliche Erscheinen am Trainingstreffpunkt, vielmehr müssen Platzierungen und Siege bei sportlichen Highlights errungen werden.

Aus den konträren Merkmalen der einzelnen Organisationskategorien, die aus dem ambivalenten Organisationsstatus des Teams Blau hervorgehen, resultieren schließlich auch differenzierte **Organisationsfolgen.** Das Sanktionspotential ist innerhalb der Sportgemeinschaft an die Akteure gebunden, indem sie über Emotionen und Autorität wechselseitig um Anerkennung ringen. Mit emotionaler Anerkennung gehen emotionale Bindungen einher, die mit dem Anwachsen der Bindungsdauer zu emotionalen Rechten und Pflichten sowie einer ausgeprägten Gruppenidentität führen. Aus den Rechten und Pflichten entstehen schließlich spezifische emotionale Abhängigkeitskonstellationen (vgl. Hochschild 1990: 40ff.). So haben Sportler nach langjähriger Zusammenarbeit mit einem Trainer gegenüber dem Trainer emotionale Ansprüche, die mit den rationalen Anforderungen eines professionellen Teams kollidieren können. Denn wenn Sportler und Trainer eng zusammenarbeiten, wird es dem Trainer schwer fallen, einen seiner Schützlinge bei einer Nominierung für einen hochkarätigen Wettkampf unberücksichtigt zu lassen. Einerseits könnte dieser ihn mit emotionalem Entzug sanktionieren, andererseits hat der Trainer selbst Interessen, nämlich den Erfolg seiner Schützlinge und nicht den irgendeines Sportlers (vgl. Kapitel 5.4.1).

Damit könnte man vermuten, dass die Organisationsform „Gemeinschaft" aufgrund ihrer starken emotionalen Bindungen in Bezug auf ihre leistungsorientierte Handlungseffizienz[54] eher instabil ist. Denn Emotionen sind empfindlich und relativ unkontrollierbar (vgl. Hochschild 1990: 40ff.). Dagegen ist anzunehmen, dass die Organisationsform „professionelle Organisation" in diesem Zusammenhang stabiler ist. Hier ist das Sanktionspotential nicht an die Akteure gekoppelt, sondern an das Medium Geld. Emotionale Bindungen werden dadurch externalisiert und durch finanzielle Bindungen ersetzt, wodurch „emotionale Schwankungen" geglättet und kanalisiert werden können. Zusätzlich werden emotionale Bindungen durch die relativ kurze Dauer der Bindung zwischen den Akteuren im professionellen Radsportteam erschwert, woraus schließlich vermutlich eher zweckrationale als emotionale Abhängigkeiten folgen (vgl. Hochschild 1990: 40ff.). Im Anschluss an Habermas und

---

54 Hierunter ist die Verwirklichung einer Handlungsintention, unter Berücksichtigung einer Zweck – Mittel Kalkulation zu verstehen (vgl. Kapitel 2.1).

Richter (vgl. Kapitel 2.3; Richter 1999: 38f.) kann daher das **Integrationsprinzip** der Sportgemeinschaft als solidarisch verstanden werden, wohingegen das Profiteam systemischen Integrationsprinzipien (vgl. Kapitel 2.3) folgt. Ersteres generiert sich maßgeblich über kommunikatives Handeln und gleicht soziale Differenzierung durch den Verweis auf Egalität aus (vgl. Richter 199: 28f.). Letzteres reproduziert sich vor allem über das Medium Geld, welches Kontrolle ersetzt und Egalitätsaufforderungen über finanziellen Ausgleich kanalisiert.

Idealtypischerweise kann nun der **Handlungsraum** der Sportgemeinschaft als Lebenswelt bezeichnet werden und der des Profiteams als Systemwelt (vgl. TKH Bd.2: 174ff.; Tönnies 1991: 12ff.). Dabei soll diese Unterscheidung in erster Linie auf die unterschiedlichen Handlungseinstellungen und Handlungsorientierungen verweisen, die die Akteure in den jeweiligen Handlungsräumen einnehmen und nutzen. Der ursprünglich von Habermas genutzte Begriff System wird dabei durch den der Systemwelt ersetzt, womit deutlicher werden soll, dass es auch in der Systemwelt Akteure sind, die handeln und nicht nur akteurlose Systeme (vgl. Kapitel 2.1). Zur analytischen Beschreibung der Systemwelt ist der Systembegriff freilich von großer Bedeutung, da die Akteure in der Systemwelt mit Handlungssystemen konfrontiert sind, die nach ihrer eigenen funktionalen Logik verfahren und sich so zuweilen dem unmittelbaren Einfluss der Akteure entziehen (vgl. Joas/ Knöbel 2004: 321).

Die aus der ersten Zusammenführung gewonnenen Erkenntnisse werden in der nachfolgenden Graphik nochmals in zusammengefasster Form dargestellt. Dabei soll die Tabelle erstens von den fettmarkierten Kategorien in Richtung der nicht markierten Merkmale und zweitens von links nach rechts und oben nach unten gelesen werden.

Institutionalisierte „sowohl als auch Kultur" im Team Blau

Organisationsstatus	Sportgemeinschaft	Profiteam
Organisationsform	Gemeinschaft	Organisation
Organisationsrollen	Amateur	Profi
	Trainer	sportlicher Leiter/ Manager
	Verwandter	Masseur/ Mechaniker
	Gönner/ Enthusiast	Sponsor
Organisationsziel	gemeinschaftlicher Spaß	wirtschaftlicher Nutzen
	pädagogischer Erfolg	sportlicher Sieg
Organisationsprinzip	Anerkennung	monetäre/ materielle Verfügungsgewalt
	Familiär	professionell
	idealistisch emotional	idealistisch zweckrational
	Nähe	Entfernung
	Kontrolle/ Lehre	Prüfung
	Einbezug	Auslese
Organisationsfolgen	Sanktionspotential ist an die Akteure gebunden	Sanktionspotenzial ist über das Medium Geld gesteuert
	soziale Schließung	soziale Differenzierung
	Selbstbestimmung	Fremdbestimmung
	emotionale Abhängigkeit	zweckrationale Abhängigkeit
	lange Bindung	kurze Bindung
	Instabil	stabil
Integrationsprinzip	solidarische Integration	systemische Integration
Handlungsorientierung	verständigungsorientiert	erfolgsorientiert
Handlungseinstellung	Kommunikativ	zweckrational
Handlungsraum	Lebenswelt	Systemwelt

{Abb. 4.}

Aus der ersten Zusammenführung geht hervor, dass das Team Blau gleichzeitig den Organisationsstatus einer Sportgemeinschaft und eines Profiteams besitzt. Dadurch finden sich im Team Blau sowohl Elemente gemeinschaftlicher als auch professioneller Organisationsformen. Diese zeigen sich in den unterschiedlichen Merkmalen der Kategorien Organisationsrollen, -ziele, -prinzipien und -folgen sowie den differenzierten Integrationsprinzipien, Handlungsorientierungen und Handlungseinstellungen, die schließlich in den idealtypischen Handlungsräumen Lebens- und Systemwelt münden.

Der organisatorische Doppelstatus des Teams, welcher sich als „**sowohl als auch Kultur**" beschreiben lässt, fand sich zunächst auf der individuellen Ebene[55] von Herrn Klar und wurde aus dem Interview mit ihm rekonstruiert. Dabei wurde deutlich, dass er als Kulturträger betrachtet werden kann, der gleichsam das Fundament des Teams Blau bildet (vgl. Kieser/Kubicek 1978b: 141f.). Die innerpsychischen „sowohl als auch Erklärungen" von Herrn Klar gehen mit dem gewachsenen Rollenkonflikt einher, der aus seinen Rollen als Trainer und sportlicher Leiter resultiert und symbiotisch mit der Teamkultur des Teams Blau verwoben ist. Somit wurde hier zunächst von den subjektiven Aussagen des Herrn Klar auf die organisatorische Gesamtheit des Teams Blau geschlossen.

Die herausgearbeiteten Merkmale müssten sich nun in den folgenden Interviews bestätigen und weiter konkretisieren lassen. Dabei sollen die Ebenen der subjektiven Wahrnehmungsmuster und objektiven Organisationsstrukturen um die der intersubjektiven Kommunikationsmuster und die damit einhergehenden kommunikativen Pathologien erweitert werden. Im Folgenden werden dazu Teile aus den Interviews mit Sportlern, dem Manager und dem Sponsor des Teams Blau vorgestellt und analysiert.

5.3. Herr Mutz – der Absteiger

Herr Mutz ist 26 Jahre alt und Radrennfahrer im Team Blau. Nachdem er einige andere Sportarten ausprobiert hatte, begann er seine Radsportkarriere 1988 in einer regionalen Sportgemeinschaft. In der Schüler-, Jugend-, Junioren- und U23-Klasse konnte er gute bis sehr gute sportliche Ergebnisse einfahren, woraufhin er sich entschloss, eine Profilaufbahn anzustreben. Im Jahr 2003 kam er schließlich zum Team Blau, für das er zunächst als Amateur an Radrennen teilnahm. Zwei Jahre später erhielt Herr Mutz im Zuge der Professionalisierung des Teams Blau einen

---

55 Diese kann hier nicht weiter vertieft werden, da eine weitergehende Analyse den Rahmen der vorliegenden Arbeit sprengen würde und in den Bereich der Psychoanalyse vorstoßen müsste.

Profivertrag. Das Interview mit Herrn Mutz fand vor dem Hintergrund seiner heutigen Funktion als Radsportprofi im Team Blau statt.

Der Einstieg in den Radsport – „Als Bester seine Ziele durchzusetzen ist ein Traum..."

Herr Mutz beantwortete die Frage wie er zum Radsport gekommen ist, mit einer lebhaften Schilderung seiner ersten Momente im neuen Metier.

> Damals wusste ich eigentlich gar nicht so genau was man macht. Ich kam gerade vom Judo (...) und bin dann einfach, weiß ich nicht wie, zum Radsport gekommen. (...) Das war, in DDR Zeiten (...) ein Rennrad zu bekommen, war schon mal schön. Und dann äh, gab's die Friedensfahrt, das war schon ein Einfluss denke ich, das war schon was Großes und irgendwie schwebte das so im Raum. (...) Da waren, äh, da stand man mit der Schulklasse am Straßenrand und hat die Fähnchen geschwungen, da wollte man auch dabei sein, mitmachen. Ja sicher, dass man bei so was Großem mitmacht, von mir aus sogar der Sieger ist, das man halt wirklich, ja jemand denn is, der einfach, es genießt. (Mutz: Z.36ff.)

Im Gegensatz zu Herrn Klar beschreibt Herr Mutz recht offenkundig wie er zum Radsport gekommen ist und was ihn daran begeisterte. Was Radsport konkret bedeutet, wusste er als Heranwachsender freilich noch nicht. Ebensowenig kann er aus der Retroperspektive rekapitulieren, wie genau er zum Radsport gekommen ist. Jedoch steht für Herrn Mutz fest, dass die Friedensfahrt und ein Rennrad die Anreize schlechthin waren, um sich dem Radsport zu widmen. Diese Anreize spezifiziert er noch weiter, indem er auf die öffentliche Aufmerksamkeit verweist, die ihn in den Bann zog und die er gern selbst erlangen wollte, indem er bei Großereignissen teilnimmt und diese sogar gewinnt. Auffällig ist hier, dass Herr Mutz von der Vergangenheitsform in Gegenwartsform wechselt. Während er an der Friedensfahrt teilnehmen *„wollte"*, beschreibt er den Grund für dieses Ziel in der Gegenwart, nämlich dass man bei *„so was Großem mitmacht"*, um einer zu sein, *„der es einfach wirklich genießt"*. Es lässt sich zunächst nur vermuten, dass Herr Mutz hier indirekt auf seinen aktuellen Status als Profi anspielt, den er nicht *„wirklich genießt"*, weil er seinen Wunsch *„bei so was Großem mitzumachen"* noch nicht realisieren konnte. Gegen diese Vermutung spricht vorerst die packende Schilderung, mit der Herr Mutz die Frage nach seiner aktuellen Begeisterung für den Radsport beantwortet.

> Dis is einfach wirklich der Wettkampf unter anderen. (...) Allein in einer gewissen Situation kurzfristig zu reagieren und in dem Moment auch die Leistung zu haben, dis umsetzen was man machen möchte, einfach äh, diese schnelle Aktion, im Radsport und äh, natürlich auch (...) ein langes Rennen, wo am Anfang halt ruhig bleiben muss, wo man aber auch die Gruppe verpassen kann und das ganze Rennen verlieren kann. (...) Die ganze Spannung die in der Luft liegt (...) dis macht dis aus. (...) Dieses Wechsel-

spiel, wenn man selber schon ne Persönlichkeit is im Radrennen, wenn andere auf einen achten, (…) und da dann als Bester, quasi seine Ziele durchzusetzen, das is natürlich nen Traum. (…) Für mich war es jetzt die Falkland Tour, da auf dem Podium zu stehen (…) in dem Moment (…) war ich genau da wo ich eigentlich hin wollte, (…) wo man sagt, so jetzt könnte es hier weitergehen, (…) oben vor der Menge. (…) Das ist erstaunlich, dass man sich als Sportler so lange motivieren kann, für den einen kurzen Moment quasi. (Mutz: Z.69f.)

Hier zeigt sich die Faszination am Überraschungs- und Spannungsmoment, die auch Herr Klar schon schilderte. Jedoch spricht Herr Mutz auch von dem Wunsch, innerhalb der Unübersichtlichkeit die Kontrolle zu behalten und seine eigenen Pläne zum Überraschungsmoment der Anderen zu machen. Dazu ist offensichtlich eine hohe Leistungsfähigkeit notwendig, die im Training erworben werden muss, um die eigenen Ziele durchzusetzen. Wenn all dies passt, wird man zu einer geachteten Persönlichkeit im Radsport, was *„ein Traum"* ist zu dem er *„eigentlich hin wollte"*. Die packende Schilderung von Herrn Mutz spricht demnach nicht zwingend gegen die oben geäußerte Vermutung. Vielmehr könnte sich hier wie bei Herrn Klar eine ideale und reale Selbstbeschreibung zeigen. Die Faszination, die aus den Schilderungen von Herrn Mutz hervorgeht, entspringt möglicherweise einem Ideal, eben einem *„Traum"*. Die Realität scheint jedoch anders zu sein, denn Herr Mutz *„wollte eigentlich genau da hin"*, was impliziert, dass er tatsächlich aber woanders ist. Die Diskrepanz zwischen Ideal und Realität überwindet dabei offenbar ein traumhafter Moment *„oben vor der Menge"*, bei dem es weitergehen *„könnte"*, ob es das tut, bleibt vorerst offen. In jedem Fall dient der Traum jedoch der weiteren Motivation.

Organisationsform – „Früher war noch Freundschaft dabei…"

Aus der Analyse des Interviews mit Herr Klar konnte in der ersten Zusammenführung auf einen ambivalenten Organisationsstatus geschlossen werden mit dem zwei unterschiedliche Organisationsformen einhergehen. Auf die Frage nach Gemeinschaft im Team Blau beschreibt auch Herr Mutz die verschiedenen Formen sozialer Organisation, die offenbar auch für ihn beide mit dem Team Blau einhergehen (vgl. Kapitel 5.2).

Früher mehr als jetzte, das ist weniger geworden, gerade auch unsere Entwicklung im Team zeigt mir das, (…) im Nachwuchsbereich, da war noch Freundschaft dabei. (…) Jetzt in zunehmendem Maße wird es professioneller bei uns, (…) selbst im Team, (…) ich will nicht sagen man ist Einzelkämpfer. Es ist komisch, eigentlich ist man Einzelkämpfer, man kann sich aber kurzfristig darauf einigen, mit anderen wirklich mehr zusammenzuarbeiten. (Mutz: 160f.) Also ist ja klar, das Endergebnis zählt, und wenn man weiß man arbeitet, (…) dann ist es (…), wie so ein Rädchen, was sich irgendwo in ner Maschine bewegt. (Mutz: 233f.) Klar hofft man, (…), wenn man zum Arbeiter degradiert worden ist, dass eine Gruppe mit einem vorne rausfährt und die kommt dann an, das sind alles so ein bisschen die Träume, ja, die man so hat. (Mutz: Z.194f.)

Herr Mutz schildert hier einen andauernden Veränderungsprozess des Teams Blau, in dem sich Freundschaften zu professionellen Beziehungen wandeln (vgl. Simmel 1992: 400f.). Dabei gibt er zu verstehen, dass nicht nur die äußeren Organisations- strukturen professionalisiert werden, sondern ebenso das Team der Sportler und deren Beziehungen zueinander. Man ist jetzt *„Einzelkämpfer"* und schließt sich kurzfristig zu einer Zweckgemeinschaft zusammen. Offensichtlich scheint Herr Mutz hier von seinen Ausführungen, die sich zwischen Einzelkampf und Zusammenarbeit bewegen, selbst irritiert. Denn früher war man eine Mannschaft bei der *„noch Freundschaft dabei war"*, heute hingegen ist man Einzelkämpfer. Gleichzeitig arbeitet man heute als Einzelkämpfer in der Mannschaft *„wirklich zusammen"*, wohingegen früher die Mannschaft den Einzelkampf ermöglichte.

Organisationsziele – „Träume die man so hat…"

Die Irritation kann mit den differenzierten Organisationszielen aufgelöst werden, die sich aus dem Interview mit Herrn Klar ergeben haben. Die Organisation Team Blau vereint sich nicht mehr zum Zwecke des Spaßes, sondern erstrebt wirtschaftlichen Nutzen durch sportliche Siege. Damit wird klar, dass der Mannschaftsbegriff, den Herr Mutz mit dem *„früheren"* Team Blau assoziiert, eher auch einen Einzelkämpfer ermöglichte, denn die Mannschaft musste nicht *„wirklich zusammenarbeiten"*, da das Ziel diffus über den Spaß definiert wurde. Spaß freilich kann viele individuelle Bedeutungen und Ziele unter sich vereinen, die nicht zwingend eine Zusammenarbeit einfordern. Das Ziel der professionellen Mannschaft ist dagegen deutlich klarer und enger gesteckt- individueller wirtschaftlicher Nutzen durch sportliche Siege. Die Zielverwirklichung ist jetzt nur über eine *„wirkliche"* Zusammenarbeit möglich, die letztlich über eine klare Aufgabenteilung und Mannschaftshierarchie realisiert wird, um höchste Effizienz im professionellen Radsport zu ermöglichen. Der Einzelkampf drückt sich dabei im Profisport am deutlichsten in der Existenzangst des Profisportlers aus, der immer wieder neu um eine Vertragsverlängerung kämpfen muss, ohne die er seine finanzielle Sicherheit vollends verliert (vgl. Mutz: Z.332ff.; Sonne: Z.141).

Damit ergeben sich differenzierte Inhalte der Begriffe Einzelkampf und Mann- schaft. Der Einzelkampf in der Gemeinschaft Team Blau, ist im Sinne einer individuellen Selbstverwirklichung zu verstehen, für den die Mannschaft Rückhalt im Sinne eines emotionalen, familiären Rahmens bietet und dabei notwendigen Freiraum gewährt. Dagegen impliziert der Einzelkampf in der professionellen Organisation

Team Blau einen Kampf um die finanzielle und damit essenzielle Existenz. Die Mannschaft bietet hier nicht in erster Linie Rückhalt[56], sondern stellt eine essenzielle zweckrationale Notwendigkeit dar ohne individuellen Freiraum, denn die individuellen Stärken und Schwächen werden voll und ganz in die „*Maschine*" Profiteam integriert. Herr Mutz verweist schließlich erneut explizit auf seine „*Träume die man so hat*", die ihn über seine Realität als bloßes „*Rädchen in der Maschine*" hinwegtragen. Der Traum des Ruhmes steht damit gegen die Realität der „*Degradierung*" zum Arbeiter.

Organisationsprinzip zum Ersten – „Kampf um Geld und Ruhm..."

Der Unterschied zwischen den Merkmalen Anerkennung und monetärer-materieller Verfügungsgewalt innerhalb der Kategorie Organisationsprinzip wird hier besonders deutlich. Die Anerkennung des Gegenübers, welche sich in Respekt und Anteilnahme vor dessen Lebenserfahrung, Einstellung und Gefühlswelt äußert und mit emotionalen Beziehungen wie Freundschaft aber auch Feindschaft einhergeht, wird durch eine materielle, verdinglichte Verfügungsgewalt ersetzt in der egozentrische Nutzenkalküle zum Selbstzweck generieren und das Bewusstsein für Sozialbeziehungen erlöschen lassen (vgl. Honneth 2005: 99ff.). Idealtypisch wird dieser Befund von Herrn Mutz im folgenden Absatz bestätigt.

> Das sind so die Parasiten [Vertragsvermittler], die aber auch irgendwo fast wieder Autorität besitzen, (...) einfach wichtig sind irgendwo. Wenn (...) er sagt, so, pass uff da ist ein junger Fahrer, (...) äh, den brauchst du. Der bringt einen garantiert irgendwo hin. Wenn er es möchte. (Mutz: Z.563f.) Am Ende geht es um Geld ja, (...) parallel zu einem gewissen Ruhm den man so hat. (...) Da fällt derjenige, der als letztes nem Sprinter einen Spurt anfährt, völlig hinten runter, der ihn wirklich bis jetzt bis 200m vor das Ziel bringt, den gibt's gar nicht, der existiert nicht. (Mutz: Z.618f.)

Innerhalb des professionellen Radsports ordnen sich die Akteure um die Inhaber hoher monetärer und materieller Verfügungsgewalt. Auf dieser basiert Anerkennung, die den Zugang zu begehrten Verträgen verspricht. Die größten Chancen auf diese besitzt der erfolgreiche Sportler, auf den sich die „*Parasiten*" [Vertragsvermittler] wiederum wechselseitig beziehen, um ihre eigene Anerkennung zu legitimieren. Dabei scheint die Argumentation von Herrn Mutz an dieser Stelle die Gestalt einer Selbstrechtfertigung anzunehmen, indem er die „*Parasiten*" für seine derzeitige „*Degradierung*" mitverantwortlich macht. Diese könnten ihn „*garantiert irgendwo hinbringen*" [zu einem Profiteam höchster Kategorie] wenn sie nur wollten. Aus

---

56 So wurde ein vermeintlicher Helfer aus einer prominenten Profimannschaft entlassen, obwohl er gut mit seinem „Chef" harmonierte und diesem zu Siegen verhalf. Seine Rolle als Helfer hatte er bestens erfüllt, Rückhalt sicherte ihm das indes nicht (vgl. Mutz 618ff.).

dieser Perspektive müssen zwei weitere scheinbar beiläufige Zusätze beachtet werden. Die „*Autoritäten*" besitzen nämlich „*fast wieder irgendwo*" Autorität. Damit sind sie also keine absoluten Autoritäten, sondern „*irgendwo*" selbst „*Rädchen der Maschine*" Profiradsport, deren Treibstoff das Medium Geld darstellt, welches die teilnehmenden Akteure gleichsam fremdbestimmt.

Organisationsteilnehmer - „Rädchen in einer Maschine, die getankt werden muss..."

Die Metapher des „*Rädchens in der Maschine*" die Herr Mutz nutzte, um seine Arbeit im Team Blau zu beschreiben, lud dazu ein, ihn nach weiteren Teilnehmern des Teams Blau zu befragen.

> Eigentlich ist der Sportler zentral, aber irgendwo denke ich der erfolgreiche Sportler, der steht, äh, wirklich zentral. Direkt wirklich als größeres Rädchen, (...) dann gibt es (...) kleinere Rädchen, (...) die für [das große Rädchen] im Radrennen arbeiten. (...) Ja dann gibt's den sportlichen Leiter, (...) den Manager im eigenen Team (Mutz: Z.249f.) Ja, dann, äh, gibt's den Sportler erstmal an sich, der sein eigenes Umfeld hat, was sich eigentlich nicht so wirklich überschneiden sollte. Das Umfeld (...) muss auch so strukturiert sein, (...) dass man professionell arbeitet und äh, nicht nur ein Hobbysportler is. (Mutz: Z.263)

Die aus der Analyse des Interviews mit Herrn Klar gewonnen Organisationsteilnehmer werden hier bestätigt: Sportler, sportlicher Leiter und Manager. Der Sportler sollte dabei „*eigentlich*" zentral stehen, jedoch steht nur der erfolgreiche Sportler „*wirklich zentral*". Die Vermutung, dass Herr Mutz mit seiner derzeitigen Position im Team Blau nicht zu frieden ist, erhält an dieser Stelle eine weitere Bestätigung, denn offensichtlich steht er nicht zentral, da er Arbeiter ist. Weiterhin zeigen sich die gewonnenen Phänomene Sportgemeinschaft im Unterschied zu einem Profiteam innerhalb der Kategorie Organisationsteilnehmer als praktikabel. Interessant erscheint an diesem Punkt die eigentümliche Verquickung von gleichzeitigen Ansprüchen an scheinbar gegensätzliche Organisationsformen und deren dazugehörige Implikationen. Denn einerseits grenzt sich Herr Mutz gegen den „*Hobbysportler*" ab, indem er darauf verweist, als Profi professionell arbeiten zu wollen. Dafür fordert er professionelle Strukturen, die getrennt vom privaten Umfeld des Sportlers sein sollten. Andererseits waren es weiter oben gerade Emotionen und Freundschaft, die Herr Mutz wie auch Herr Klar verloren gehen sehen und gegen zunehmende Professionalisierung einfordern. Herr Mutz beansprucht also offenbar professionelle Strukturen, die gemeinschaftliche Züge in sich tragen oder aber gemeinschaftliche Strukturen mit professionellen Zügen. Mit anderen Worten sucht Herr Mutz sowohl Gemeinschaft als auch Professionalität, womit sich die Annahme einer „**sowohl als auch Kultur**" innerhalb des Teams Blau in den Ausführungen von

Herrn Mutz bestätigt findet. Seine Aussagen zu den Sponsoren des Teams Blau bekräftigen dies nochmals.

> Ja einer muss ja tanken und das ist der Sponsor. (...) Gerade weil unser Team gewachsen ist mit dem gleichen Sponsor, (...) kann ich mich damit identifizieren, hier mit Max, eigentlich unserem mit Hauptsponsor, äh, is ein Radsportfan, er ist mit Herz und Seele dabei. Zu dem anderen Hauptsponsor, da denke ich ist es Business, kann ich mich nicht wirklich identifizieren mit, bis jetzt. (Mutz: Z.411ff.)

Den mit dem Team gewachsenen Sponsor, beschreibt er als Enthusiasten, mit dem sich Herr Mutz emotional verbunden fühlt und identifiziert, den er zum *„eigentlichen"*, wahren Unterstützer zählt. Das belegt nicht zuletzt die persönliche Anrede, indem er den Sponsor beim Vornamen nennt. Dem neu dazugestoßenen Sponsor hingegen, schreibt er lediglich wirtschaftliche Interessen zu, die letztlich dem Business dienen. Dabei ist festzuhalten, dass beide Finanzquellen, also sowohl der enthusiastische Gönner, als auch der businessorientierte Sponsor, feste, essenzielle Bestandteile des Teams Blau sind.

Organisationsprinzip zum Zweiten – „Der Trainer ist die Hauptbezugsperson..."

Auf die Frage nach der Aufgabe des sportlichen Leiters bringt Herr Mutz den Trainer in das Gespräch ein, den er vorher nicht explizit erwähnte.

> Ich hab jetzt wahrscheinlich noch den Trainer vergessen, (...) in kleineren Teams, ist es einfach so, der sportliche Leiter ist der Trainer. Jetzt hat man da irgendwie Interessens-konflikte zwischen nem sportlichen Leiter, der, ähm, für viele Leute verantwortlich ist, der quasi jetzt nicht individuell auf den Einzelnen eingehen kann. (...) Der Sportler muss halt sehen, dass man da nicht unter die Räder kommt, (...) also, dass andere hinter einem stehen, dass man sich entwickeln kann (...) Da kommt (...) ein Trainer auf den Plan, für den einzelnen Sportler. (...) Das ist eigentlich schon irgendwo mit ne Hauptbezugs-person, die äh, die alle Höhen und Tiefen des einzelnen Sportlers (...) mit durchgeht, wirklich auch weiß worum es geht beim Sportler. (...) Der dem Sportler sagt trainings-technisch so, (...) Ernährung da (...) und das Umfeld so. (Mutz: Z. 266ff.)

Der analysierte Rollenkonflikt zwischen Trainer und sportlichem Leiter wird in dieser Passage verifiziert. In kleineren Mannschaften, wie dem Team Blau, ist der Trainer gleichzeitig der sportliche Leiter, gibt Herr Mutz spontan zu verstehen, um im Anschluss daran die unterschiedlichen Zuschreibungen und Erwartungen an die beiden Rollen zu beschreiben. Diese gehen nun ganz deutlich nicht mehr in ein und derselben Person auf. Der Trainer ist eine *„Hauptbezugsperson"*, zu der man eine emotionale Bindung besitzt, der dem Sportler Rückhalt bietet, um *„nicht unter die Räder zu kommen"* und ihn auf dem Weg zum sportlichen Höhepunkt lehrt und leitet.

Der sportliche Leiter dagegen koordiniert eine Vielzahl von Sportlern und verteilt Wettkampfeinsätze, wobei die Verteilung der Wettkampfeinsätze, für den Sportler den *„Kampf gegen die Räder"* bedeutet. Dass nun die beiden Rollen des Trainers und sportlichen Leiters, die Herr Mutz theoretisch trennt, in der Praxis des Teams Blau in einer Person zusammenfallen, zeigt sich an einer anderen Stelle des Interviews. *„Wenn de nen Herrn Klar siehst, sportlicher Leiter jetzt zwar, aber eigentlich Trainer (...)."* (Mutz: Z.583) Dabei bezieht sich das Wort *„eigentlich"* auf die ursprüngliche Rolle von Herrn Klar, die noch heute maßgebend ist, wohingegen seine neue Rolle als sportlicher Leiter *„zwar"* formal existiert, aber praktisch offenbar nicht relevant ist. Neben dem schon bekannten Rollenkonflikt, dessen Institutionalisierung und den daran anschließenden Organisationsmerkmalen, zeigt sich anhand der obigen Interviewpassagen ein weiteres Phänomen, nämlich das des Kampfes zwischen den Sportlern innerhalb des Teams Blau. In den Ausführungen von Herrn Klar fanden sich darauf zunächst keine Hinweise. Es ist zu vermuten, dass es sich hier um eine Kommunikationsstörung handelt, welche aus unterschiedlichen Perspektiven resultiert, wodurch Herr Klar und Herr Mutz ein und dieselbe Situation differenziert wahrnehmen.

5.3.1 Kommunikative Pathologien durch differenzierte Wahrnehmungen (1)
Herr Mutz und Herr Klar - „Existenzieller Kampf oder positiver Druck... "

Auf die Frage der Zielsetzung, Zielplanung und Zielverwirklichung antworten Herr Klar und Herr Mutz, wenn auch nicht gegensätzlich so doch auf sehr verschiedene Art und Weise, wohinter sich vermutlich mehrere Ebenen von Perspektiven und Selbstbeschreibungen verbergen. Herr Mutz spricht ganz offensichtlich von einem internen Positionskampf, der so sehr an den Reserven zerrt, dass er die angestrebte Leistungsentwicklung behindert und negativ beeinflusst.

> Jeder hat seine eigenen Ziele. (...) Man sieht einfach, was sinnvoll ist, für sich selber, man ist ja im Detail drinne. (...) Und äh, der sportliche Leiter (...) möchte ja am Ende den Erfolg haben. Dann hat er (...) zwei Leute, (...) die gewinnen können, dann noch 3-4 Leute, die könnten ein bisschen, und dann noch welche, die müssen, äh, einspringen. (...) Wenn dann jemand auf der Helferposition sitzt, wird er halt einfach gnadenlos dafür benutzt, in unterer Ebene die Arbeit zu verrichten. Leute, bei denen es wirklich um den Sieg geht, die können sich das aussuchen. (...) Das ist ein ganz normaler Werdegang denke ich. Von einem Leistungsprinzip eigentlich, (...) oder man muss eigentlich sagen nach oben buckeln nach unten treten. Und das ist das Problem, (...) dass die internen Geschichten einen schon so´n bisschen aufzerren, bevor man erst, äh, agieren kann, eigentlich im eigentlichen Wettkampf. (Mutz: Z.332ff.)

Auf einer ersten Ebene beschreibt Herr Mutz den Kampf um die Durchsetzung individueller Ziele. So kämpft der Sportler um seine optimale Zielvorbereitung, die es ihm ermöglicht im „*eigentlichen Wettkampf*" bestmöglich zu agieren. Der sportliche Leiter kämpft um den Sieg seiner Mannschaft, dabei ist unerheblich welcher Sportler der Mannschaft den Erfolg sichert. Dagegen war der Trainer an einen Sportler gebunden, den er auf dem Weg zum Triumph begleitet (vgl. Kapitel 5.2). Diese Kämpfe haben für Herrn Mutz mit Gemeinschaft offensichtlich nichts mehr zu tun, vielmehr wird individuell „*nach oben gebuckelt und unten getreten*". Der Sportler, der am unteren Ende der Hierarchie festsitzt, hat es schwer, das Licht „*des Ruhmes*" zu erreichen.

Auf einer zweiten Ebene sind die Ausführungen von Herrn Mutz, erneut als implizite Rechtfertigung zu verstehen. Die Sportler, die auf „*der Helferposition sitzen, werden gnadenlos benutzt*", weshalb sie keine optimale Wettkampfvorbereitung erhalten und folglich keine Siege erlangen können, obwohl sie selber wissen „*was sinnvoll für sie ist*" und vielleicht auch gewinnen könnten.

Auf einer dritten Ebene wird wiederum das Phänomen realer und idealer Beschreibungen deutlich. Idealerweise beschreibt Herr Mutz die Ebenen zwei und drei, realer aber erscheint die dritte Ebene in der offenbar das Wort „eigentlich" zentrale Bedeutung besitzt. Denn der Kampf des „*nach oben Buckelns und unten Tretens*" ist „*eigentlich ein Leistungsprinzip*", wie es Herr Mutz als für die Gesellschaft typisch bezeichnet. Im Modus dieses Leistungsprinzips, so ist zu vermuten, erbringt Herr Mutz nicht die geforderten Leistungen. Daran schließt sich wiederum die Unterscheidung in Gemeinschaft und professionelle Organisation an. Das professionelle Radsportteam ist auf Siege angewiesen, während die Radsportgemeinschaft auch den weniger erfolgreichen Sportler anerkennend integriert. Die Rechtfertigungen von Herrn Mutz können daher als ein Ringen um Anerkennung interpretiert werden, die er im Zuge der Professionalisierung des Teams Blau zunehmend verliert, weil er der Anforderung nach Siegen nicht gerecht werden kann (vgl. Hochschild 1990: 40ff.). Infolgedessen sieht er seine Identität aufgrund des Entzuges von Anerkennung gefährdet und versucht sie mit dem Verweis auf fehlende Gemeinschaft und ungleiche Chancen zu verteidigen (vgl. Habermas 1995: 254f.). Herr Klar offenbart dagegen ein relativ harmonisches Bild der wechselseitigen Hilfe zur Zielverwirklichung, bei dem das Bild des Kampfes durch das der gegenseitigen Unterstützung abgelöst wird.

> Grundsätzlich (...) haben einzelne Sportler zu bestimmten Saisonzeiten ihre Höhepunkte, wo se ihre Leitung abrufen sollen, (...) die wissen das, und der Rest der Mannschaft weiß das auch. Dann wird versucht denjenigen so gut wie möglich zu unterstützen bei den entsprechenden Rennen (...) Manche Sachen sind auch ein bisschen vertraulich, man möchte manche Sportler nicht zu sehr unter Druck setzen. Bei manchen

hilft wenn man sie unter Druck setzt, bei manchen eher nicht. Das muss der Trainer schon versuchen vernünftig abzuwiegen. (Klar: Z.127f.)

Auf einen Positionskampf wie ihn Herr Mutz beschreibt, finden sich in den Ausführungen von Herrn Klar keine Hinweise. Dies könnte ein Indiz für die Aussage von Herrn Mutz sein, dass Helfer aus dem Bewusstsein der sportlichen Leiter und Sponsoren verschwinden (vgl. Mutz: Z.618f.), weil diese sich nur auf Siegfahrer konzentrieren (vgl. Bette 1984: 32) und dabei den Existenzkampf der Helfer aus dem Blick verlieren. Dabei ist dies vermutlich in professionellen Mannschaften der zweiten und dritten Kategorie besonders prekär. Denn während professionelle Mannschaften der ersten Garnison den Existenzkampf zwischen den Helfern mit finanziellen Mitteln besänftigen (vgl. Herbst: Z.501ff.), bleibt den weniger zahlungskräftigen Teams dieses Möglichkeit der Konfliktvermeidung verwehrt.

Zusammenfassend lassen sich Kommunikationsprobleme zwischen Herrn Mutz und Herrn Klar vermuten, denen differenzierte Perspektiven auf die Teamstruktur des Teams Blau zu Grunde liegen. Während Herr Klar noch von einer gemeinschaftlichen Organisationsform ausgeht, die eine individuelle Zielverwirklichung ermöglicht, sieht sich Herr Mutz schon als Opfer der ausschließenden Praktiken einer professionellen Radsportorganisation, die auf Siege angewiesen ist. Dabei scheint interessant, dass sowohl er Herr Klar, als auch Herr Mutz, Professionalisierung anstreben, aber gleichzeitig deren emotionsloses Ausschlussverfahren ablehnen – ein Befund, der sich auch in den Ausführungen von Herrn Sonne und dem Sponsor Max Lefair wiederfindet.

5.4 Herr Sonne – Der Aufsteiger

Herr Sonne ist zum Zeitpunkt des Interviews 22 Jahre alt und seit elf Jahren im Radsport aktiv. Nach sportlichen Erfolgen in der Jugend- und Juniorenklasse wechselte er 2003 in die Eliteklasse U23 und das Team Blau. Schnell konnte Herr Sonne auch in dieser Kategorie Achtungserfolge erzielen, so dass er noch im gleichen Jahr einen Profivertrag im Team Blau erhielt und als einer der jüngsten Profis Deutschlands galt. Ein Jahr später schloss er eine vierjährige Ausbildung zum Industriekaufmann ab. Das Interview mit Herrn Sonne fand vor dem Hintergrund seiner heutigen Funktion als Radsportprofi im Team Blau statt.

Der Einstieg in den Radsport – „Vielleicht, dass ick relativ erfolgreich war…"

Herr Sonne erwähnt rückblickend vor allem die Faktoren Spaß und Erfolg, die ihn am Radsport begeisterten und sein Engagement für die Sportart stärkten.

> Erstmal hab ich Fußball gespielt, sechs Jahre lang. Dann is mein Vater, der hat Spaß am Radsport gefunden, im Urlaub, in Dänemark. (…) Da war Radsport was Neues, (…) dit hat mir einfach von Anfang an Spaß gemacht. (…) Ja, vielleicht, dass ick relativ, (…) erfolgreich war. Dass ick relativ schnell die Berge hochgekommen bin, und schon vor anderen in meinem Alter, nen Vorteil hatte. Was mich jetzt fasziniert ist die Professionalität und dass man (…) dit als Beruf machen kann. Man steht auf und lebt halt dafür (Sonne: Z.16f.)

Wie Herr Mutz (vgl. Mutz: Z.36ff.) betrieb auch Herr Sonne vor dem Beginn seiner Radsportkarriere eine andere Sportart. Im Gegensatz zu diesem jedoch begeisterte ihn nicht in erster Linie ein Großereignis wie die Friedensfahrt, sondern der Wettkampf unter Anderen, bei dem er von Beginn an zu den Besten gehörte. Heute fasziniert Herrn Sonne „*die Professionalität*", die er als völlige Konzentration auf den Radsport versteht, ohne dabei schulischen oder beruflichen Verpflichtungen nachkommen zu müssen (vgl. Sonne: Z. 54ff.).

Organisationsform – „Rad fahren wird zum Eigennutz…"

Analog zu Herrn Klar und Herrn Mutz eröffnet auch Herr Sonne eine Differenz zwischen der früheren Gemeinschaft und der aktuellen Situation im Team Blau.

> Am Anfang, würde ich sagen war es noch eine Gemeinschaft, die man, wo man sich untereinander kannte, schon von klein an. Und it wurde dann, (…) man hat immer neuere Fahrer kennen gelernt (…) und is wird auch immer mehr, so seh ich es, Rad fahren zum Eigennutz, also, dass jeder selber drauf schaut, jetzte, ähm, wie er weiterkommt und wo er seinen Erfolg findet. Am Anfang war it halt mehr familiärer (…) und jetzt is jeder ein bisschen auf sich selber gestellt. (Sonne: Z.95f.)

Die Ähnlichkeit zu den Textpassagen aus dem Interview mit Herrn Mutz (vgl. Mutz: Z.194f.) ist an dieser Stelle bestechend. Auch Herr Sonne beschreibt einen Veränderungsprozess innerhalb des Teams Blau, in dem sich Freundschaften zunehmend zu professionalisierten Beziehungen entwickeln (vgl. Simmel 1992: 400f.) und die Rennfahrer vor allem versuchen ihren „*Eigennutz*" zu optimieren. Diesen Prozess der Veränderung verbindet Herr Sonne offensichtlich mit der Öffnung des Teams nach außen, durch die „*immer neuere Fahrer*" in die Mannschaft gelangten, die man immer weniger kannte. Außerdem gibt Herr Sonne zu verstehen auf dem Weg zum

„Erfolg" heute *„eher auf sich allein gestellt zu sein".* Der Wandel zu größerer Professionalität, den Herr Klar (vgl. Klar: Z.76/239) noch hoffte aufschieben zu können, scheint somit nach Herrn Mutz auch für Herrn Sonne schon Realität zu sein. Im Gegensatz zu Herrn Mutz allerdings (vgl. Kapitel 5.3.1) beschreibt Herr Sonne die zunehmende Professionalisierung nicht resignierend als ein *„nach oben Buckeln und nach unten Treten"* (Mutz: Z.332ff.), sondern als persönliche Chance.

Organisationsziele – „Familiär ist schon, bringt mich aber nicht weiter…"

Herr Sonne sieht zwar eine Diskrepanz zwischen dem früheren und aktuellen Mannschaftsklima im Team Blau, jedoch folgert er daraus offenbar nicht zwingend negative Konsequenzen.

> Ich würde es so aufwiegen, (…) wenn ich nich Rad fahren [könnte], würde ich nicht die familiäre Seite bevorzugen, wenn ich nicht mein Geld damit verdienen könnte. Also ick geh lieber den härteren Weg (…) zwar dieses Familie, was och sehr schön ist zu haben, aber mich dadurch nicht weiterzuentwickeln und vielleicht nicht davon leben zu können. Also würde ich die Situation, wie sie jetzt ist hervorziehen. (Sonne: Z.132f.)

Auch wenn Herr Sonne die familiäre Atmosphäre vorangegangener Zeiten innerhalb der Mannschaft mochte, betrachtet er sie für seine weitere Entwicklung zu einem professionellen Radsportler augenscheinlich eher als Hemmnis. Diese Perspektive erklärt sich nicht zuletzt dadurch, dass für Herrn Sonne feststeht, von einer *„Familie nicht leben zu können".* Im Vergleich zu Herrn Mutz sieht Herr Sonne seine Zukunft im Radsport im Allgemeinen und im Team Blau im Besonderen somit offenbar eher positiv. Während die Ausführungen von Herrn Mutz auf einen Kampf um Anerkennung schließen ließen (vgl. Kapitel 5.3.1), fühlt sich Herr Sonne in das Team Blau integriert. *„Innerhalb der Mannschaft stehe ick relativ gleichwertig zu jedem Anderen."* (Sonne: Z.417f.)

Organisationsprinzip – „Früher gab es mehr Menschlichkeit…"

Auf die Frage worin sich der Unterschied zwischen der früheren Gemeinschaft und dem aktuellen Team Blau ausdrückt, antwortet Herr Sonne:

> Einerseits (…) war es natürlich leichter früher, (…) man konnte sich mehr auf jemanden verlassen. (…) Und jetzt ist allet in bisschen fremder halt, aber wat nicht allzu schlecht ist, weil man mehr auf sich selber gestellt is und mehr Lebenserfahrung och mitbekommt. (…) Es ist auf jeden Fall mehr Leistungsdruck da, (…) es wird mehr erwartet, und (…) nicht mehr soviel Menschlichkeit wie früher. (Sonne: Z.103ff.)

Idealtypisch positioniert Herr Sonne hier *„Menschlichkeit"* und Zuverlässigkeit innerhalb einer Gemeinschaft gegen eine einsame und verfremdete Welt in Form der
professionellen Organisation Team Blau (vgl. Habermas TKH Bd.2: 231; Honneth
2005). Allerdings wird erneut klar, dass er das leistungsbetonte Handeln innerhalb der
Profiwelt nicht zwingend negativ betrachtet, sondern vielmehr als eine Aufgabe, die
ihm auf dem Weg zum Erfolg notwendige Lebenserfahrung vermittelt. Dass sich
jedoch auch im Interview von Herrn Sonne Hinweise auf die angenommene **„sowohl
als auch Kultur"** finden, zeigt folgende Textpassage.

> Herrn Klar kann man eigentlich so nennen, sag ick mal, wie nen zweiter Vater. (…) Und
> mit dem kann man, zu dem kann man och mit jedem Problem ankommen, und ja der
> kümmert sich halt auch immer um allet. (Sonne: Z.86f.)

Während Herr Sonne im vorangegangen Zitat noch davon sprach innerhalb der
professionellen Organisation auf sich allein gestellt zu sein, verweist er nun auf Herrn
Klar, der sich, wie *„ein zweiter Vater"*, *„um alles kümmert"*. Der in der ersten
Zusammenführung dargelegte Rollenkonflikt von Herrn Klar wird an diesem Punkt
besonders deutlich. Die Beziehung zwischen Herrn Klar und Herrn Sonne folgt dem
Prinzip der Anerkennung (Kapitel 5.2), da Herr Klar gegenüber Herrn Sonne die
Rolle des väterlichen Trainers einnimmt und Herr Sonne diese von Herrn Klar
gleichzeitig einfordert (vgl. ebd.). Gleichzeitig besetzt Herr Klar jedoch innerhalb des
Teams Blau die Position des sportlichen Leiters, welche anderen Organisations-
prinzipen gehorcht (vgl. ebd.). Es lässt sich nun vermuten, dass bei einem
Aufeinandertreffen von Herrn Klar und Herrn Sonne in einer Handlungssituation, die
von Herrn Klar die Rolle des sportlichen Leiters einfordert, ein Handlungskonflikt
entsteht. Denn während Herr Klar beispielsweise am Wettkampfort die Rolle des
sportlichen Leiters einnimmt, könnte Herr Sonne dort den väterlichen Trainer Herrn
Klar einklagen. Neben diesem nun schon bekannten Rollenkonflikt, finden sich
außerdem auch bei Herrn Sonne Anzeichen auf eine Ambivalenz hinsichtlich der
Frage, ob Radsport als Einzel- oder Mannschaftsportart zu bewerten ist.

> Dann wird der Erfolg so gemessen, wie hast Du die Arbeit verrichtet für [den Siegfahrer]
> (…). Wenn ich voll für ihn gefahren bin und dit geklappt hat, dass er vorne ankommt,
> dann fühle ich mich, äh, gut. Dann bin ick selber zufrieden mit meiner Leistung und
> akzeptiere dis so. Mein Ziel, erstmal meine Fähigkeiten auszubauen, dass ick vielleicht
> irgendwann mal Siegfahrer bin, für den gefahren werden muss. (Sonne: Z. 249ff.)

Zwar akzeptiert Herr Sonne, dass seine persönliche Leistung an seiner Arbeit für den
Siegfahrer gemessen wird, jedoch schwingt mit der Wortwendung *„akzeptiere ich dis
so"* weniger Zufriedenheit mit als vielmehr ein Aushalten der Situation bis zum

Zeitpunkt besserer Tage. Diese Interpretation wird erheblich untermauert, blickt man auf das Ziel von Herrn Sonne – *„Siegfahrer zu werden, für den gefahren werden muss"*. Der Konkurrenzkampf innerhalb des Teams, den schon Herr Mutz beschrieben hatte (Kapitel 5.3.1), findet sich somit auch in den Ausführungen von Herrn Sonne.

Organisationsfolgen – „Ein bisschen Angst da rauszufallen... "

Während Herr Klar noch Spaß und Geld als Hauptfaktoren innerhalb der Profiwelt bestimmte (vgl. Klar: Z.255ff.), konstatiert Herr Sonne, dass lediglich Letzteres Trumpf ist.

> In der Profiwelt zählt nur, wieviel Geld (...) du mit deinem Sport verdienen kannst, mit deinem Beruf (Sonne: Z.492f.). Risiken, ja, dass man schon halt bisschen Angst hat, irgendwann mal vielleicht kein' Vertrag zu bekommen, da rauszufallen und dann sich anders orientieren muss. (ebd.: Z.141f.)

Innerhalb der Profiwelt gilt demnach in erster Linie der Modus monetärer und materieller Verfügungsgewalt (vgl. Kapitel 5.2), der die Logik wechselseitigen Respekts vor der Lebenserfahrung des Gegenübers verdrängt (vgl. ebd.). Für Herrn Sonne gehen damit Ängste einher, die auch schon Herr Mutz beschrieb - *„die Angst keinen Vertrag zu bekommen."* Diese existenziellen Befürchtungen waren es freilich, die Herr Klar nur beiläufig erwähnte und mit einem Lächeln kommentierte. *„Mag sein, dass für den Fahrer [an meiner Bewertung] der Vertrag dranhängt."* (Klar: Z.528) Dabei soll Herrn Klar keine Gleichgültigkeit gegenüber den Ängsten seiner Fahrer unterstellt werden, vielmehr geht es darum vor Augen zu führen, aus welch unterschiedlichen Perspektiven die handelnden Akteure innerhalb des Teams Blau soziale Wirklichkeit wahrnehmen.[57]

---

57 In die Vertragsängste der Fahrer, die sich in einem finanziellen Rahmen von 30.000 Euro pro Jahr (vgl. Kapitel 4.3) bewegen, kann sich Herr Klar bei einem Finanzvolumen des Teams Blau von rund eine Million Euro möglicherweise nicht hineinversetzen.

5.4.1 Kommunikative Pathologien durch differenzierte Wahrnehmungen (2)
Herr Sonne und Herr Klar - „Trainingpläne gibt's nicht versus natürlich gibt es die..."

Herr Sonne und Herr Klar antworten auf die Frage nach der Trainingsplanung und Wettkampfzielsetzung mit unterschiedlichen Angaben.

> Trainingspläne gibt's in dem Sinne nicht, es gibt, ähm, ne Jahresplanung für jeden, wo die Rennen draufstehen und wo man am Anfang des Jahres, ähm, mit dem sportlichen Leiter seine Höhepunkte rauspickt, das gibt's. Trainingspläne is eigentlich jeder relativ individuell auf sich selber gestellt. (Sonne: Z.364f.) Die Rundfahrer sind natürlich darauf aus, dass sie bei der Deutschlandtour gut fahren. (...) Die Anderen sind wahrscheinlich genauso wie ich, erstmal gucken (...) wo man seine Chance suchen kann. (ebd.: Z.188f.)

Spontan antwortet Herr Sonne, dass es „Trainingspläne in dem Sinne nicht gibt", vielmehr ist jeder auf sich „allein" gestellt. Unter Trainingsplänen versteht er hier eine konkrete Tages- und Wochenplanung in Vorbereitung auf einen Wettkampfhöhepunkt (vgl. Fn.). Weiterhin gibt er zu verstehen, dass er die Wettkampf- und Zielplanung seiner Teamkameraden nur vermuten kann. Herr Klar hatte hingegen betont das Gegenteil erklärt.

> Es gibt Trainingspläne, natürlich! Grundsätzlich (...) haben einzelne Sportler zu bestimmten Saisonzeiten ihre Höhepunkte, wo se ihre Leistung abrufen sollen, (...) die wissen das und der Rest der Mannschaft weiß das auch. (Klar: Z.136f.)

Herr Klar sieht Trainingspläne innerhalb eines professionellen Radsportteams offenbar als selbstverständlich an, ebenso wie er davon ausgeht, dass jedes Teammitglied über die Ziele der Mannschaftskollegen informiert ist. Offensichtlich zeigt sich hier eine Diskrepanz zwischen einer idealen trainingsmethodischen Betreuung der Sportler und der tatsächlich stattfindenden Trainingspraxis. Den „Radsport - Laien" wird dieser Befund verwundern, verkörpert der Leistungssportler doch in der öffentlichen Wahrnehmung eher eine sportwissenschaftlich hundertprozentig präzisierte Leistungsmaschine (vgl. Bette/ Schimank 1995; Hobermann 1994). Im Feld des Radsports ist eine zufällige Trainingsplanung, bedingt durch unvorher-sehbaren Wettkampfeinladungen (vgl. Fern: Z.622ff.), hingegen keine Ausnahme (vgl. Fn.). Die sportlichen Leiter stehen im Zwang Wettkampfangebote anzunehmen, um den Interessen des Sponsors nachzukommen und weitere Einladungen nicht zu gefährden, wodurch jedoch die optimale Vorbereitung der Sportler zunehmend eingeschränkt wird. Aus dieser Perspektive erklärt sich auch die Aussage von Herrn Klar: „Pläne und Vereinbarungen halte ich für unsinnig." (Klar: Z.128ff.) Interessant bleibt allerdings an dieser Stelle, dass Herr Sonne und Herr Klar dieselbe Situation mangelnder Trainingsbetreuung differenziert wahrnehmen und diese Situation offenbar von einem Scheinkonsens umklammert wird, so dass die unterschiedlichen Wahrnehmungen und mangelnde Trainingsplanung nicht diskutiert werden können (vgl. Kapitel 2.6). Eine ähnliche Situation beschreibt Herr Sonne im Zusammenhang mit der Frage nach der Gleichstellung der Fahrer im Team Blau.

> Na klar gibt it, äh, ein Aushängeschild in jeder Mannschaft, aber dit sollte nicht dit Gefühl für den Sportler ergeben, dass er weeß ick nicht, dit sechste Rad am Wagen is. Ähm, bei mir war das persönlich jetzt noch nicht so, aber ich kriege dis jetzt zum Beispiel mit in der U23. Da finde ick halt zu krass, dass [manche] sehr krass bevorzugt werden (…), [da] würde ick mich sehr auf den Schlips getreten gefühlt werden, ja. (Sonne: Z.397ff.)

Herr Sonne äußert sich in dieser Passage kritisch zur „Chancengleichheit" innerhalb der Mannschaft. Auch wenn er Leistungsunterschiede innerhalb des Team Blau eingesteht, bringt er seinen Wunsch nach Egalität zum Ausdruck. Auffällig ist hier der Vergleich mit Herrn Mutz, der diese Situation als „*Buckeln und Treten*" (Mutz: Z.332ff.) beschrieben hatte. Anders jedoch als dieser scheint Herr Sonne diesem „*Kampf gegen die Räder*" (Mutz: Z.266ff.) nicht ausgesetzt zu sein, wodurch sich sein eher positiver Blick auf die zunehmende Professionalisierung im Team Blau erklärt. Möglicherweise ergibt sich diese Zuversicht auch aus der Beziehung zu Herrn Klar, der Herrn Sonne nicht als sportlicher Leiter sondern als „väterlicher Trainer" gegenübersteht und ihn vor dem „*Kampf gegen die Räder*" schützt (vgl. Kapitel 5.2). Herr Klar erklärt indes, dass jeder Sportler innerhalb der Mannschaft gleiche Erfolgs-möglichkeiten erhält.

> Wir sind auf nem mittleren Bereich, wo wir sicherlich auch versuchen, noch jedem seine Erfolgserlebnisse zu verschaffen. (Klar: Z.71f.) Es ist nicht so von vornherein, dass wir irgendeinen Fahrer als Helfer verpflichtet haben, und irgendeinen Fahrer (…) wo wir gesagt haben (…) du fährst das ganze Jahr nur auf Siege. (ebd.: Z.237f.)

Herr Klar gibt zu verstehen, dass er versucht, jedem Fahrer des Teams Blau Erfolgs-chancen zu ermöglichen, wobei auch klar wird, dass es nur ein Versuch sein kann. Auf den von Herrn Mutz und Herrn Sonne geschilderten Konkurrenzkampf finden sich in dieser Ausprägung bei Herrn Klar jedoch keine Hinweise. Die differenzierten Perspektiven innerhalb des Teams Blau kommen damit erneut zum Ausdruck und werden auch in der folgenden Analyse des Interviews mit dem Sponsor der Mann-schaft bestätigt.

5. 5 Herr Lefair – professioneller Enthusiast

Max Lefair ist 30 Jahre alt und begann mit dem Radsport in der Schülerklasse. Nachdem er seine aktive Laufbahn im Juniorenbereich aufgrund einer stagnierenden Leistungsentwicklung beendete, blieb er dem Sport jedoch weiter eng verbunden. Durch seine berufliche Entwicklung eröffneten sich ihm zunehmend finanzielle Ressourcen, an denen er den Radsport in Form von monetärer Unterstützung in immer größerem Umfang beteiligte. Das Interview mit Herrn Lefair fand vor dem Hintergrund seiner aktuellen Funktion als ein Hauptsponsor des Teams Blau statt.

Organisationsform – „Das Prinzip der professionellen Emotionen... "

Auch für die Analyse des Interviews mit Herrn Lefair erweisen sich die gewonnenen Organisationskategorien mit den dazugehörigen Organisationsmerkmalen als praktikabel. Wie schon bei Herrn Klar und Herrn Mutz finden sich auch in den Ausführungen von Herrn Lefair Hinweise auf ein Schwanken zwischen Gemeinschaft und professioneller Organisation.

> Ist vielleicht nicht unbedingt, die typische Antwort eines Sponsors. Idealerweise sollte das Team, das Management, dem Sponsor zumindest immer das Gefühl geben Mitglied des Teams zu sein und nicht nur Geldgeber. Ich selber sehe mich (...) schon, (...) als Teil des Teams. (Lefair: Z.157f.)

Herr Lefair gibt hier zu verstehen, dass er sich nicht als „*typischen*" Sponsor empfindet, sondern sich, im Gegensatz zu Jenen, „*selber als Teil des Teams*" betrachtet. Idealerweise sollen dabei offenbar professionelle Strukturen, durch gemeinschaftliche überdeckt werden, indem „*der Sponsor zumindest das Gefühl hat, nicht nur Geldgeber zu sein*" (vgl. Hochschild 1990). Die eigentümliche Verquickung gleichzeitiger Ansprüche an scheinbar gegensätzliche Organisationsformen zeigt sich damit, wie schon bei Herrn Klar und Herrn Mutz (vgl. Kapitel 5.3.1), auch bei Herrn Lefair.

> [Man kann] tatsächlich in dem Bereich auch Leute einstellen, die einfach einen Job machen. (...) Die fühlen sich nicht unbedingt als Teil des Teams. (...) Das ist gerade in den großen Teams so. (...) Bei uns ist es so, dass die sportliche Leitung, wenn man mit den Jungs über mehrere Tage und Wochen zusammenlebt, mit denen mitfiebert, dann kommt dieses Teamgefühl automatisch zustande. (...) [Die sportliche Leitung] sind auch Profis. (Lefair: Z.186f.)

Im Anschluss an Herrn Klar grenzt sich auch Herr Lefair von den professionellen Strukturen „*großer Teams*" ab, durch die der Job im Radsport „*zu einem Job wie jeder andere wird*" (Klar: Z.76). Im Team Blau ist dies anders, denn hier „*kommt ein*

Teamgefühl automatisch zustande", weil alle *„Profis"* sind. Paradoxerweise sind es also gerade die Eigenschaften eines professionellen Teammitgliedes, die zu einer emotionalen Bindung führen sollen, denn nur der Profi weiß offenbar, dass ein gutes Mannschaftsklima zu optimalen Ergebnissen führt (vgl. Hochschild 1990).

Organisationsprinzip – „Innerhalb des vordefinierten Bildes soll alles funktionieren... "

Wie sich gezeigt hat, pendelt mit der ambivalenten Organisationsform, die sich in den Äußerungen von Herrn Klar, Mutz und Lefair wiederfand, auch das Organisations-prinzip innerhalb des Teams Blau.

> Das Team sind die Leute, die in irgendeiner Art und Weise einen psychologischen Mehrnutzen davon haben. Wenn wir einen Masseur haben, der nur seinen Job macht, (...) aber sich irgendwie gar nicht so dazugehörig fühlt, [gehört] der nicht so richtig zum Team. Er muss von sich selber überzeugt sein, ein Teil des Teams zu sein und nicht nur Gehalts-empfänger. (Lefair: Z.201f.) (...) Der Faktor des Geldes ist im Profisport natürlich immer ein wesentlicher. [Aber] zumindest innerhalb einer Saison, [hat] das keinen großen Ein-fluss. Sollte zumindestens nicht. Weil jeder seine Aufgaben kennt und innerhalb dieser Aufgaben, dieses vordefinierten Bildes, soll es ja alles funktionieren. (Lefair: Z.271f.)

Teammitglieder sind all diejenigen, die eine emotionale Bindung zum Team besitzen. Wer sich hingegen nur aus finanziellen Anreizen der Mannschaft zuwendet, gehört nicht dazu. Emotionalen *„Mehrnutzen"* gewichtet Herr Lefair damit höher als finanziellen Gewinn, wobei sich jedes Teammitglied selbst entscheiden kann ob es *„sich dazugehörig fühlt"* oder *„nur Gehaltsempfänger"* ist. Gleichzeitig soll in der *„Maschine Profiradsport"* (Mutz: Z.233f.) jedes *„Rädchen"* (ebd.) innerhalb seiner Aufgabe *„funktionieren"*. Dazu müsse der *„Faktor Geld"* innerhalb der Saison idealerweise ausgeblendet bleiben. Idealerweise sollte also rational agiert werden, während parallel dazu eine emotionale Bindungsaufforderung existiert. In diesem Zusammenhang denke man an die Ausführungen von Herrn Mutz, für den der *„Faktor Geld"* stets essenziell ist, da mit ihm seine Existenz verbunden ist. Das Bild der *„funktionierenden vordefinierten Aufgaben"* bei Herrn Lefair, beschrieb Herr Mutz als *„einen Existenzkampf gegen die Räder"* (Mutz: Z.266ff.).

Organisationsziel – „ Das ist reine Liebhaberei... "

Das Organisationsziel definiert Herr Lefair in einer ambivalenten Beschreibung als *„Liebhaberei"* und Zugewinn an öffentlicher Aufmerksamkeit für seine Firma sowie wachsende Anerkennung bei seinen Geschäftspartnern.

Je höher man kommt, (...) desto höher ist die Wahrnehmung. (...) Und entsprechend wächst auch die Wahrnehmung meiner Geschäftspartner. Dann ist das natürlich für mich hoch-interessant. (...) Praktisch, dass der Kunde oder Geschäftspartner merkt, der ist ganz schön dick aufgestellt. (Lefair: Z.21f.) (...) Als wir angefangen haben, hat es niemanden interessiert. Das sind praktisch 30.000 € oder 60.000 € (...) verpulvert gewesen de facto. Das ist reine Liebhaberei gewesen. (Lefair: Z.61f.) (...) Auch jetzt noch. (...) In irgendeiner Art und Weise muss es sich natürlich wirtschaftlich niederschlagen. (Lefair: Z.141f.)

Hier wird erneut ein dynamischer Veränderungsprozess beschrieben, der an dieser Stelle als ein Wandel vom enthusiastischen Gönner zum an wirtschaftlichen Nutzen orientierten Sponsor zum Ausdruck kommt. Jedoch gibt Herr Lefair zu verstehen, dass er *„auch jetzt noch Liebhaber"* ist, was ihn ja von den anderen Sponsoren abgrenzte. Trotzdem muss sich die Liebhaberei irgendwann *„wirtschaftlich nieder-schlagen"*.

Während die Investition am Anfang also **idealistisch** eher die **emotionale** Gemeinschaft fördern sollte, soll sie im professionellen Team Blau **idealistisch zweckrationalen** Zielen dienen. Realerweise findet offenbar eine Vermischung beider **Organisationsprinzipien** statt. Wie in der ersten Zusammenführung schon angedeutet sind aber innerhalb der jeweiligen Organisationsform verschiedene Organisations- und Handlungskategorien dominant handlungsleitend (vgl. Kapitel 5.2).

Der Meistertitel war natürlich (...) wie ein Lottogewinn gewesen. Das hat dann auch angefangen, wirtschaftlich einfach Sinn zu machen. (112f.) (...) Im Grunde bin ich schreiend und weinend durch das Büro gerannt. (...) Ohne erstmal irgendwie daran zu denken, dass es nun wirtschaftlich irgendwelchen Sinn macht. (Lefair: Z.128f.)

Organisationsfolgen – „Ich unterstütze noch immer auch Fahrer, die nicht siegten..."

Als Folgen gemeinschaftlicher Organisation zeigten sich in der ersten Zusammenführung Merkmale wie lange Bindung und emotionale Abhängigkeit. Wohingegen mit einer professionellen Organisation eher kurze Bindungen und zweckrationale Abhängigkeiten einhergehen. Die Vermischung der beiden Organisationsformen, die sich in der ambivalenten **„sowohl als auch Kultur"** des Teams Blau ausdrückt, zeigt sich nun auch in den Ausführungen Herrn Lefair´s in seiner Haltung zu den Sportlern, die keine hinreichende Leistung erbringen.

So habe ich das bisher immer gehandhabt. Mag man auch daran sehen, dass ich auch immer noch einige Fahrer unterstütze, die eigentlich nie die Siegfahrer bei uns waren, auch nicht mehr bei uns fahren. (Lefair: Z.236f.)

Es ist hier nicht „der erbarmungslose Siegescode" (vgl. Bette/Schimank 1995: 25ff.), der die Logik professioneller Sportgruppen darstellt und jede Leistung hinter der des Siegers zur unzureichenden erklärt. Vielmehr beschreibt Herr Lefair implizit seine emotionalen Bindungen zu den Fahrern des Teams Blau, die ihn dazu bewegen auch diejenigen zu unterstützen, die nicht der „Siegeslogik" folgen können, selbst wenn sie ihre aktive Laufbahn schon beendet haben. Den zweckrationalen Wirtschafts-interessen steht dieses Verhalten freilich entgegen. Herr Lefair ist also tatsächlich ein „*Liebhaber*" innerhalb professioneller Strukturen. Wobei deutlich wurde, dass sich die Investition, im Gegensatz zur spaßorientierten Gemeinschaft, in professionellen Mannschaften „*wirtschaftlich rechnen muss*". Damit wird das theoretische Merkmal der **Fremdbestimmung** durch die Logik des Geldes innerhalb der Organisationsform „Organisation", gegenüber dem Merkmal der **Selbstbestimmung** durch die Logik des Spaßes innerhalb der Organisationsform „Gemeinschaft", empirisch fassbarer (vgl. Kapitel 5.2). Denn auch wenn Herr Lefair ein „*Liebhaber*" ist, so **muss** sich die „*Liebhaberei*" Radsport mit zunehmender Professionalisierung doch wirtschaftlich rechnen, um vor den steigenden Organisationskosten nicht kapitulieren zu müssen.

5.5.1 Kommunikative Pathologien durch differenzierte Wahrnehmungen (3) Herr Lefair und Herr Klar – „Angriffslust oder sympathisches Hinterherfahren…"

Auf die Frage welche Erwartungen der Sponsor hat und wie diese verwirklicht werden, antworten Herr Lefair und Herr Klar in geradezu gegensätzlicher Art und Weise. Herr Lefair sieht seine Interessen nur dann vertreten, wenn die Fahrer das Rennen aggressiv gestalten. Das habe er dem sportlichen Leiter Herrn Klar „*natürlich*" auch vermittelt.

> Der sportliche Leiter hat natürlich seine Vorgaben. Wir müssen natürlich eine positiv assoziierte Präsenz zeigen. (…) Wir müssen in Spitzengruppen gewesen sein. Wir müssen aggressiv gefahren sein. (…) Natürlich, Präsenz zeigt man auch, wenn alle acht neun Leute ständig hinten fahren. Aber das ist ja nicht das was man positiv besetzt. Weil, wenn die alle hinten rumfahren, dann sagen meine Geschäftspartner auch: Was ist denn das für ein Verein? (Lefair: Z.410f.)

Herr Klar dagegen gab zu verstehen, dass ein positives Image ebenso hintere Plätze toleriert.

> Der Sponsor möchte ein positives Image, (…) das kann man erreichen, indem man jedes Radrennen gewinnt, (…) aber auch indem man öfter mal abgehängt wird, aber sich sympathisch präsentiert. (Klar: Z.300f.)

An diesem Punkt überschneiden sich zwei differenzierte Wahrnehmungen ein und derselben Situation. Vermutlich resultiert auch dies aus der Vermischung der beiden Organisationsformen. Es kann nun argumentiert werden, dass die Imperative der professionellen Organisation Herr Lefair schon stärker bedrängen, als es bei Herrn Klar der Fall ist. Denn während Herr Klar die Situation scheinbar noch aus der „konsequenzlosen Gemeinschaftsperspektive" betrachtet, analysiert sie Herr Lefair aus der Perspektive einer Kosten – Nutzen Rechnung mit der eine „zweckrationale Anerkennungssuche" einhergeht. Aus diesen perspektivischen Variationen folgt auch die differenzierte Bewertung der Situation „*vor dem Meistertitel*" (Fn.). Herr Lefair macht deutlich, dass das Team Blau in dieser Zeit aufgrund fehlender Erfolge kurz vor dem „*Aus*" (ebd.) stand. Herr Klar hingegen beschreibt die Periode der Erfolglosigkeit als unproblematisch, weil das Wissen um die Gemeinschaft dem Team früher oder später wieder Siege einbringen würde (vgl. Klar: Z.300f.).

Auch auf die Frage der Entscheidungshierarchie geben Lefair und Klar unterschiedliche Antworten. Diese sind aber weniger gegensätzlich, als vielmehr in einer diffusen Entscheidungsstruktur verwoben, die offensichtlich „*mächtig am Wachsen ist*" (Klar: Z.380ff.).

> Es sollte die Hierarchie ganz oben mit Fern und Weißmann geben. Wobei man natürlich über das Management noch die Sponsoren setzen müsste. Innerhalb jeder Struktur gibt es aber auch die Inoffiziellen, beispielsweise ist Klar mein sportlicher Leiter. Ohne den wäre ich nicht Sponsor dieses Teams. (…) Und entsprechend hat Klar auch Einflussmöglichkeit auf das Management, wenn ihm was nicht passt. Wobei (…) auch noch die GmbH im Hintergrund ist. (…) Innerhalb dieser GmbH ist Klar natürlich auch Gesellschafter dieses Teams, und hat (…) keine andere Position als Fern oder Weißmann, die alle in selben Anteilen Gesellschafter an dieser Betreiberfirma sind - genau wie ich. (Lefair: Z.317ff.)

Herr Lefair gibt zu verstehen, dass die Herren Fern und Weißmann oberste Entscheidungsträger sind, denen nur der Sponsor als letzte Instanz vorsteht. Gleichzeitig spricht er aber von „*inoffiziellen Strukturen*" in denen ihn und Herrn Klar offenbar mehr verbindet, als die Rolle des „Geldgebers" und „Geldnehmers". Offiziell entscheidet demnach das Management in professionellen Strukturen. Inoffiziell hat Herr Klar, durch starke emotionale Bindungen der früheren Gemeinschaft, bedeutenden Einfluss. Das erklärt nun auch warum sich für Herrn Klar die offizielle Hierarchie „*in der Praxis eher nicht äußert*" (Klar Z.380ff.). Auch auf dieser Ebene zeigt sich damit die „**sowohl als auch Kultur**".

Zu der zwiespältigen Entscheidungsstruktur des Teams Blau gesellt sich offenbar noch die Problematik der GmbH[58], die gleichsam die Basis der Mannschaft bildet. Dort stehen sich laut Lefair alle Führungspersonen, also Fern, Weißmann, Klar und Lefair, als gleichberechtigte Vertragspartner gegenüber. Für Herrn Klar verhält sich das anders.

> Naja als Manager nicht, aber als Geschäftsführer der GmbH ist Herr Fern letztendlich schon der, der die Verantwortung für wichtige geschäftliche Entscheidungen trifft in der GmbH. (Klar: Z.412f.)

Herr Klar betrachtet Herrn Fern in seiner Funktion des Managers im Teams Blau als hierarchisch nicht höhergestellt, wohl aber spricht er ihm die Entscheidungsgewalt innerhalb der GmbH zu. Offensichtlich verfügen Herr Klar und Herr Lefair über unterschiedliche Vorstellungen der Aufgaben- und Entscheidungszuteilung im Team Blau und der GmbH. Wenn nun sowohl eine offizielle, als auch eine inoffizielle Entscheidungsstruktur innerhalb des Teams Blau und der GmbH besteht, liegt die Annahme nahe, dass in der Konsequenz dessen weder diese noch jene effektiven Nutzen besitzt.

5.6 Herr Fern – der Fremde

Herr Fern ist 29 Jahre alt und begann seine aktive Laufbahn in der Schülerklasse. Aufgrund seiner sportlichen Erfolge und körperlichen Leistungsfähigkeit zählte er schnell zu den Besten seiner Altersklasse, so dass er bald das Ziel verfolgte Profi einer professionellen Radsportmannschaft zu werden. Im Jahr 2000 gelang ihm die Verwirklichung dieses Wunsches und er unterzeichnete einen Vertrag mit einem Radsportteam der ersten Kategorie. Zeitgleich beendete er erfolgreich ein Studium der Betriebswirtschaftslehre. Trotz guter bis sehr guter Wettkampfergebnisse musste das damalige Team von Herrn Fern aufgrund finanzieller Unstimmigkeiten im Jahr 2003 Konkurs anmelden. Für Herrn Fern bedeutete dies das Ende seiner sportlichen Karriere. Im Jahr 2004 ergab sich der Kontakt zwischen Herr Fern und dem Team Blau, für das er seitdem tätig ist. Das nachfolgende Interview mit Herrn Fern fand vor dem Hintergrund seiner derzeitigen Funktion als Manager des Teams Blau statt.

---

58 Die GmbH ist ein Zusammenschluss von Klar, Lefair, Fern und Weißmann, die jeweils mit 25% finanziell an der GmbH beteiligt sind. Die GmbH verfügt über das Geld der Sponsoren und finanziert damit das Team Blau. Herr Lefair ist somit Gesellschafter und Sponsor zugleich.

Faszination am Radsport – „Ich kann ein Team von lauter Menschen anbieten ... "

Auf die Frage was ihn als Kind am Radsport begeisterte und warum er sich noch heute für den Radsport engagiert, antwortete Herr Fern zunächst mit einer Unterscheidung zwischen sportlichem und wirtschaftlichem Interesse.

> Naja die Freiheit rauszukommen einfach, so´n bisschen für sich zu sein und ähm, aus dem Ort rauszukommen. (…) Jetzt ist es faszinierend für mich, der Leistungssport als äh, Wirtschaftsfaktor und den find ich doch ähm, nicht uninteressant. (…) Ich muss nicht irgendwelche Schrauben verkaufen, äh Sponsoren gegenüber, sondern ich kann, äh, ein Team anbieten, von lauter Menschen und intern gesehen, is es natürlich, ich hab mit Radfahrern zu tun und das is eigentlich, (…) is mein Leben. (Fern: Z.26ff.)

Während Herrn Fern demnach zu Beginn in erster Linie die Möglichkeiten des Abstands vom Heimatort und des Entdeckens „der Welt" zum Rad fahren animierten, interessieren ihn heute vor allem wirtschaftliche Chancen im Feld des professionellen Radsports. Dabei kommt in dieser Textpassage idealtypischerweise erneut (vgl. Mutz: Z.618f.) der professionellen Organisationen zugeschriebene Charakter instrumenteller zweckrationaler Handlungseinstellungen zum Ausdruck, welche das Bewusstsein für Sozialbeziehungen zwischen den Akteuren zunehmend erlöschen lassen (vgl. Honneth 2005: 99ff.). Es sind nämlich nicht *„irgendwelche Schrauben"* die Herr Fern einem Geschäftspartner anbieten kann, sondern *„ein Team von lauter Menschen"*. Die theoretische These, dass Akteure in wirtschaftlichen Zusammenhängen zu Gegenständen zweckrationaler Nutzenkalküle generieren (vgl. ebd.), kann hier durch die „Parallelisierung" von *„Schrauben"* und *„Menschen"*, wenn auch nicht vollends verifiziert, so doch zumindest praktisch nachvollzogen werden. Neben dieser Textinterpretation finden sich außerdem Hinweise auf die Annahme, dass zweckrationale Handlungseinstellungen kommunikative Akte nicht vollends verdrängen, sondern beide Handlungstypen in bestimmten Handlungsräumen unterschiedlich dominieren (vgl. Kapitel 2.3/2.5). Denn während Herr Fern von den wirtschaftlichen Aspekten des Radsports stark *„fasziniert"* zu sein scheint, erwähnt er eher beiläufig und wie es scheint aus normativem Pflichtgefühl auch die Möglichkeit des kommunikativen Kontaktes mit Radsportlern die ihn bindet, weil Radsport sein *„Leben"* ist. Auch wenn also die Ausführungen von Herrn Fern in erster Linie eine zweckrationale Handlungseinstellung vermuten lassen, die ihn in seiner Funktion als Manager eher mit den Elementen der professionellen Organisation im Team Blau verbinden, finden sich auch bei ihm Anhaltspunkte für einen Bedarf nach Gemeinschaft. Die angenommene **„sowohl als auch Kultur"** im Team Blau wird durch diese Interpretationsmöglichkeit - wenn auch aus umgedrehter Perspektive - gestützt. Während Herr Klar, Herr Mutz, Herr Sonne und Herr Lefair vordergründig die Gemeinschaft gegenüber der professionellen Organisation einforderten, scheint für Herrn Fern die professionelle Organisation gegenüber der Gemeinschaft zentral. Diese Vermutung bestätigt sich auch in der Gegenüberstellung der Antworten von Herrn Klar und Herrn Sonne bezüglich der Organisationsziele des Teams Blau.

Organisationsziel – „Teilnahme an der Tour de France..."

Während Herr Klar in erster Linie angab die Wahrnehmung der Nachwuchsförderung durch die Öffentlichkeit erhöhen zu wollen (vgl. Klar: Z.209f.), setzt sich Herr Fern deutlich höhere Ziele.

> Also mein persönliches Ziel (...) is schon, ähm, irgendwann die Teilnahme, ich, äh, sag's jetzt mal in Anführungsstrichen, meiner Mannschaft, oder vielmehr von der GmbH gesehen unserer Mannschaft, ähm bei der Tour de France, das is glaube ich das Größte was man als Team erreichen kann. (...) Ich bin noch relativ jung in der Position in der ich bin, ähm, mit Weißmann äh, ist natürlich noch einer dazugekommen, der auch nich so alt is und ebenfalls sehr ambitioniert is. (...) Ich denke, dass is ne sehr gute Mischung und ähm, bin da auch (...) optimistisch das man das [Ziel] irgendwann erreichen kann. (Fern: Z.169f.)

Die Richtschnur „*seiner Mannschaft Blau*" verbindet Herr Fern demnach mit der Teilnahme an der Tour de France, die innerhalb des Radsports offenbar als der Höhepunkt aller Aktivitäten gilt und weniger mit Nachwuchsfahrern als vielmehr mit den besten Profis der Welt bestritten wird. Dabei sieht er der Realisierung dieses Vorhabens - nicht zuletzt aufgrund seiner eigenen und der Ambitionen seines ebenfalls noch jungen Geschäftspartners Weißmann – optimistisch entgegen. Interessant ist, dass Herr Fern an dieser Stelle von „*seiner Mannschaft*" spricht. Seine formalen Handlungspartner Herr Klar und Herr Lefair bleiben zunächst unerwähnt.

Organisationsteilnehmer – „Es gibt Rennfahrer und den Staff..."

Die Frage wer zu einer Radsportmannschaft im Allgemeinen und dem Team Blau im Besonderen gehört, beantwortet Herr Fern zügig.

> Also die Grundstruktur eines Radsportteams is eigentlich (...) einfach, es gibt, äh, zum einen die Rennfahrer, zum anderen den Staff, unter äh Staff bezeichne ich in dem Fall, ähm, die ähm, ja hört sich ein bisschen blöd an, aber äh, zum einen die Führung des gesamten Teams, äh und zum anderen ähm, Mechaniker, Masseure, ähm, Backoffice, in dem Fall je nach Größe des Teams, ja. (Fern: Z.85ff.)

Auffällig ist hier eine Ähnlichkeit zu den Ausführungen von Herrn Klar. Dieser hatte Sportler und Betreuer als Kernelemente einer Radsportmannschaft beschrieben, ohne dabei Manager, Sportdirektor und Sponsoren zu erwähnen (vgl. Klar: Z.76ff.). Herr Fern zählt nun analog dazu „Rennfahrer" und „Staff" zum engeren Personenkreis eines Radsportteams, ohne die sportlichen Leiter einzubeziehen. Das Nichterwähnen des jeweiligen Handlungspartners lässt eine Diskrepanz zwischen sportlicher Leitung und Management des Teams Blau vermuten (vgl. Freud 1977: 47ff.), die sich schon in den Anmerkungen von Herrn Klar zur Entscheidungshierarchie innerhalb des Teams Blau andeutete (vgl. Klar: Z.380ff.). Statt einer Kooperationsbeziehung, die idealerweise zwischen sportlicher Leitung und Management angenommen wird, besteht real offenbar eine Konkurrenzbeziehung zwischen Herrn Klar und Herrn Fern (vgl. König 1996: 75). Letztere äußert sich in der jeweiligen Abgrenzung des Einen vom Anderen, wodurch beide sowohl ihre jeweilige Kompetenzhoheit gegenüber dem Anderen unterstreichen wollen, als auch ihre spezifische Vorstellung einer optimalen Führung des Teams Blau zum Ausdruck bringen.

> Wir haben Weißmann der aus dem sportlichen Profibereich kommt, der eigentlich alles durchgegangen is und absolut äh, zielorientiert ist, ähm, dann Herrn Klar, bei dem ich selber gar nich unbedingt weiß, was seine eigenen Ziele sind, was sind die überhaupt? (Fern: Z.585f.) Am Anfang haben Klar, Lefair und ich zusammengesessen und haben gesagt (...), wir wollen irgendwie hochkommen, ein Nachwuchsteam errichten mit irgendwann mal dem Ziel in die Pro Tour zukommen, irgend so was in die Richtung, (...) Und dazu benötigen wir natürlich einen weiteren Sponsor in der Höhe von was weiß ich. Ja und das is halt nach dem ersten Jahr nich passiert, obwohl ich mich da zwar schon ziemlich stark bemüht habe und äh, ich der Meinung bin, dass die beiden, was diese Sache betrifft, nich wirklich viel Ahnung haben (Fern: Z. 756ff.).

Auch hier erwähnt Herr Fern zuerst Herrn Weißmann den er als zielorientiert und kompetent bezeichnet. Herrn Klar steht er hingegen offenbar unwissend gegenüber, da er nicht angeben kann worin sich dessen Ziele finden und ob diese „überhaupt" mit dem Team Blau und der angestrebten Professionalisierung einhergehen. Analog dazu hatte sich Herr Klar distanziert und kritisch zu Herrn Fern geäußert (vgl. Klar: z.380ff.) Eine gemeinsame Zieldefinition zwischen den „Begründern" des professionellen Teams Blau - Klar, Lefair und Fern - wurde offensichtlich nicht vorgenommen. Die bisherigen Interpretationsvorschläge des Interviewmaterials legen an dieser Stelle die Vermutung nahe, dass die Organisationsformen „Gemeinschaft" und „professionelle Organisation" innerhalb des Teams Blau in personeller Form von Herrn Klar und Herrn Fern kollidieren. Während Herr Klar als Kulturträger beschrieben wurde, der zwischen emotionaler Gemeinschaft und professioneller Organisation schwankt, jedoch eine größere Affinität zur Gemeinschaft besitzt (vgl. Kapitel 5.1/5.2), erscheint Herr Fern als „Fremder" der die Ideale einer professionellen Organisation verkörpert, gegen die sich die „Urgesteine" Herr Klar (vgl. Klar: Z.76f.), Herr Mutz (vgl. Mutz: Z.411ff.), Herr Sonne (vgl. Sonne: Z.95f.) und Herr Lefair (vgl. Lefair: Z.157ff.) immer wieder abgrenzten.

5.6.1 Kommunikative Pathologien durch differenzierte Wahrnehmungen (4)
Herr Fern und Herr Klar - „Kapitalgesellschaft versus
emotionale Gemeinschaft... "

Auf die Frage was der Sponsor von Herrn Fern und Herrn Klar erwartet, antworteten beide auf unterschiedliche Art und Weise - Ersterer im Modus der professionellen Organisation, Letzterer im Sinne einer emotionalen Gemeinschaft.

> Naja es is schon in einem gewissen Sinne eine Kapitalgesellschaft bei uns. (...) Also wir wollen die bestmögliche Leistung, äh erbringen, für das Geld was uns Sponsoren zur Verfügung stellen. Und das, äh, dieser sportliche Wert is sozusagen Indiz dafür, oder langfristiger Indikator, inwieweit Bekanntheit, Image, äh Markenaffinität usw. wie diese Werte sozusagen, diese Kommunikationsmittel für den Sponsor, äh, wirken, und ähm, wie stark sie im Unterschied zu anderen Kommunikationsmitteln sind. Also mal einfach gesagt, je höher wir den sportlichen Wert haben, desto wahrscheinlicher ist es, das äh, Image, Brandawareness etc, das diese äh, Werte steigen. (Fern: Z.425f.)

In seiner Funktion als Manager spricht Herr Fern von einer „Kapitalgesellschaft" Team Blau, die das Ziel verfolgt sportliche Erfolge zu erringen um das „Image" und die „Brandawareness" des Sponsors zu verbessern. Dabei konstatiert Herr Fern eine kausale Beziehung zwischen sportlichem Erfolg und Bekanntheitsgrad des Sponsors. Seine Beschreibung des Teams Blau spiegelt hier sein Wissen aus dem betriebs-wirtschaftlichen Studium wider und nähert das Team Blau an eine rein wirtschaftlich fokussierte Organisation an, wodurch sich die Differenz zwischen Sport und Wirt-schaft offenbar aufhebt. Herr Klar bringt im Gegensatz zu den betriebswirtschaftlich konnotierten Worten von Herrn Fern emotionale Momente zum Ausdruck.

> Der Sponsor erwartet von mir, dass die Mannschaft Erfolg hat, aber auch (...), dass er das Gefühl hat, dass in der Mannschaft insgesamt ein gutes Klima ist, definitiv. (...) Nen Sponsor möchte ein positives Image irgendwo gewinnen, (...) das kann man erreichen in dem man jedes Radrennen gewinnt, man kann's aber auch erreichen, in dem man öfter mal abgehängt wird, aber sich dabei sympathisch präsentiert. (Klar: Z.298ff.)

Der Sponsor erwartet zwar Erfolg jedoch sieht Herr Klar das gute Klima innerhalb der Mannschaft als entscheidend für das Engagement des Sponsors an. Während also Herr Fern das Ziel verfolgt „jüngster Manager eines ProTour Teams" (Teambroschüre) zu werden, wodurch dann auch *„ein Profit entsteht, der eine entsprechende Rendite abwirft"* (Fern: Z. 425), hatte Herr Klar *„mit den ganz großen Marketingstrategen"* (Klar: Z.342) noch nichts zu tun und findet, dass *„Radsport in erster Linie Spaß machen sollte"* (Klar: Z.249). Die angenommene **„sowohl als auch Kultur"** findet damit an dieser Stelle einen weiteren Beleg. Offensichtlich agieren Herr Fern und Herr Klar innerhalb des Teams Blau aus unterschiedlichen Perspektiven. Herr Fern orientiert sein Handeln an der Logik einer professionellen Organisation (vgl. Kapitel 5.2), während Herr Klar eher dem Modus der Gemeinschaft folgt. Aus den Interviews geht jedoch auch hervor, dass beide die jeweils andere Handlungseinstellung nicht ausschließen, sondern lediglich als nicht dominant erachten (vgl. Kapitel 3). Neben den organisatorischen Problemen die eine Koexistenz von nachwuchsfördernder Gemeinschaft und professioneller Organisation mit sich bringt (vgl. Kapitel 5.2), sind es hier augenscheinlich auch „kommunikative Pathologien" aufgrund differenzierter Wahrnehmungen zwischen Herrn Fern und Herrn Klar, die erfolgreiches Handeln innerhalb des Teams Blau behindern.

5.7 Zweite Zusammenführung: Die psychischen, sozialen und organisatorischen Faktoren im Team Blau

Der empirische Teil widmete sich der Suche nach Hinweisen auf systematisch verzerrte Kommunikationen innerhalb des professionellen Radsportteams Blau. Dabei wurde vermutet, dass diese auf bestimmten psychischen, sozialen und organisatorischen Konstellationen basieren, die ein erfolgreiches Handeln sowohl des Einzelnen als auch der Gruppe und Organisation Team Blau negativ beeinflussen (vgl. Kapitel 3). Um diese Vermutung an der „sozialen Wirklichkeit" des Teams Blau zu überprüfen, ist in den vorangegangen Kapiteln versucht worden die subjektiven Wahrnehmungen, intersubjektiven Kommunikationsmuster und Organisationsstrukturen der Mannschaft zu rekonstruieren. In der ersten Zusammenführung konnte ausgehend von der individuellen Ebene des Herrn Klar auf die Organisationsstrukturen des Teams Blau geschlossen werden, die zusammenfassend als institutionalisierte **„sowohl als auch Kultur"** bezeichnet wurden. Im Anschluss sollte diese theoretische Konstruktion an weiteren Interviews verifiziert und um die Ebenen der intersubjektiven Kommunikationsmuster und „kommunikativen Pathologien" erweitert werden. Aus der Analysearbeit gehen abschließend fünf Befunde hervor:

1. Innerhalb des Teams Blau zeigen sich problematische organisatorische, soziale und psychische Konstellationen, die das erfolgreiche Handeln der Mannschaft und deren Kommunikationsstrukturen beeinträchtigen können (vgl. Kapitel 4). Die organisatorische Problematik des Teams Blau zeigt sich in dessen Doppelstatus. Einerseits

ist es eine nachwuchsfördernde Gemeinschaft im Rahmen der Kategorie *U23*, anderseits agiert das Team Blau als professionelle Organisation innerhalb der *Kontinentalen Profi Teams*. Mit dieser Zweiteilung gehen verschiedene Organisationsprinzipien einher, die in der ersten Zusammenführung dargelegt wurden und sich anhand aller geführten Interviews bestätigten. Die Problematik der daraus resultierenden **„sowohl als auch Kultur"** liegt nun nicht in einer positiven oder negativen Bewertung der jeweiligen Organisationsformen, sondern in der „Selbsttäuschung" der handelnden Akteure über ihre jeweiligen Handlungsorientierungen (vgl. Kapitel 2.6). Herr Klar, Herr Mutz und Herr Lefair fühlen sich innerhalb der Radsportszene offenbar als Profis, während sie ihre Wirklichkeitsbeschreibung an den Prinzipien der Gemeinschaft Team Blau orientieren und die Handlungen anderer Akteure, wie die „des fremden Herrn Fern", nach diesen bewerten. Dabei wird diese Handlungsorientierung jedoch nicht offen in die Verständigung eingebracht, sondern durch einen Scheinkonsens verdeckt, da sich das offizielle Handlungsziel an der Realisierung einer professionellen Organisation Team Blau orientiert (vgl. Kapitel 4.4). Die Scheinkonsense zeigten sich innerhalb der Interviews an den dargelegten „kommunikativen Pathologien", die als kommunikative Folgen der organisatorischen **„sowohl als auch Kultur"** betrachtet werden können. So zeigte sich auf die Frage nach internen Positionskämpfen um Anerkennung und Wettkampfeinsätze eine Diskrepanz zwischen den Antworten von Herrn Klar und Herrn Mutz. Während Herr Klar sich noch an den egalitären Prinzipien der Gemeinschaft orientiert, sieht sich Herr Mutz schon als Opfer der ausschließenden, leistungsbetonten Praktiken eines professionellen Radsportteams (vgl. Kapitel 5.3.1). Offen zu Tage tritt dieses Missverständnis indes nicht. Herr Mutz möchte sich trotz der ausschließenden Praktiken in professionellen Strukturen etablieren, weshalb er vermutlich eine Konfrontation meidet. Herrn Klar hingegen ist das Missverhältnis zwischen seiner idealen Vorstellung und der realen Praxis innerhalb des Teams Blau offenbar nicht bewusst, so dass die problematische Konstellation durch einen Scheinkonsens verdeckt bleibt. Gleiches zeigte sich in der Gegenüberstellung der Aussagen von Herrn Klar und Herrn Sonne bezüglich der Trainingspläne und „Chancengleichheit" innerhalb der Mannschaft (vgl. Kapitel 5.4.1), wobei hier die Problematik der Trainingspläne durch eine klärende Diskussion leicht lösbar erscheint. Jedoch fußt auch diese Diskrepanz der differenzierten Wahrnehmungen von Herrn Klar und Herrn Sonne offensichtlich auf dem Doppelstatus des Teams Blau, durch den Herr Klar in einen Rollenkonflikt (vgl. Kapitel 5.2) gerät der ihn augenscheinlich überfordert, so dass ihm die mangelnde Trainingsplanung nicht bewusst wird. Denn während er sich in der U23 als „Trainer" für die Trainingsplanung der Fahrer zuständig fühlt, soll der „sportlicher Leiter" Herr Klar die professionellen Radsportler lediglich koordinieren (vgl. Kapitel 5.1). Wenn ein U23 Fahrer innerhalb des Teams zum Profi avanciert, wird die Konfusion besonders deutlich. Einerseits soll ein Profi für seine körperliche Fitness selbst zu-ständig sein, anderseits ist es schwer vorstellbar, dass die intensive Beziehung zwischen Herrn Klar und dem betreffenden Sportler aufgrund des wechselnden Status vom U23 Fahrer zum Profi abrupt abbricht. Geschieht dies jedoch nicht, muss Herr Klar seine besondere Beziehung zu diesem Fahrer gegenüber den anderen Profis rechtfertigen, und sein selbstgesetztes Ziel der „Chancen-gleichheit" gerät in Gefahr, da anzunehmen ist, dass er seinen persönlichen Schützling bevorzugt (vgl. Kapitel 5.3.1/5.4.1). Unterschiedliche Wahrnehmungen zeigten sich auch in der Gegen-überstellung der Antworten von Herrn Klar, Herrn Lefair und Herrn Fern, wobei sich der organisatorische Doppelstatus des Teams Blau am deutlichsten in den Kom-munikationsmustern von Herrn Klar und Herrn Fern widerspiegelte (vgl. Kapitel 5.6.1). Während Herr Klar auf eine emotionale Gemeinschaft verwies, sprach Herr Fern von der Kapitalgesellschaft Team Blau.

Neben den organisatorischen und sozialen (kommunikativen) Konstellationen gingen schließlich auch psychische Phänomene aus den Interviewanalysen hervor. Die Aussagen von Herrn Klar pendelten auffällig zwischen Objektivität und Subjektivität und wurden als eine Vergewisserung der Unabhängigkeit gegenüber einem Abhängigkeitsgefühl interpretiert (vgl. Kapitel 5.2). Herr Mutz sprach von Träumen einer erfolgreichen Radsportkarriere die er einerseits nutzt um sich für zukünftige Aufgaben zu motivieren, die ihn andererseits jedoch über eine weniger erfolgreiche Realität hinwegtäuschen (vgl. Kapitel 5.3). Diese Selbsttäuschung erscheint nun vor allem insofern problematisch, als dass sie Herrn Mutz dazu ver-anlassen könnte immer größere Anstrengungen in den Leistungssport zu investieren, um die „rettenden Siege" zu erringen und dabei zeitgleich Aktivitäten und Karrieremöglichkeiten außerhalb des Radsports immer mehr zu vernachlässigen. Die Fixierung auf die Laufbahn eines Profisportlers würde dadurch stark zunehmen und die „Kosten" für einen Ausstieg aus dieser stetig steigen. Der Handlungsspielraum engt sich dann ein und die Versuche der „Einbahnstraße" durch sportliche Siege zu entrinnen werden dramatischer. Bette und Schimank führten in diesem Zu-sammenhang den Begriff der „biographischen Falle" (vgl. Bette/Schimank 1995: 107ff.) ein. In der professionellen Radsportszene sind gefährdete Existenzen nach einem immer wieder aufgeschobenen Ende einer weniger erfolgreichen Karriere im Leistungssport keine Ausnahme (vgl. Fn.).

2. Die problematischen psychischen, sozialen und organisatorischen Konstella-tionen stehen in einem wechselseitigen Zusammenhang, das heißt alle drei Faktoren sind miteinander verschränkt und stehen in wechselseitigem Einfluss zueinander (vgl. Kapitel 2.6). Es sind demnach problematische Konstellationen auf organisatorischer (sowohl als auch Kultur), sozialer (kommunikative Pathologien) und psychischer (Selbsttäuschung) Ebene, die sich in der „sozialen Wirklichkeit" des Teams Blau

finden und die miteinander verschränkt sind. Die „Selbsttäuschungen" von Herrn Klar und Herrn Mutz stehen mit der diagnostizierten „sowohl als auch Kultur" in Verbindung, so wie diese mit den „kommunikativen Pathologien" korrespondiert. Gleichzeitig sind es die „kommunikativen Pathologien" die die „sowohl als auch Kultur" und „Selbsttäuschungen" reproduzieren und verstärken. Das erfolgreiche Handeln des Teams Blau scheint nun insofern gefährdet, als das aus der **„sowohl als auch Kultur"** eine Handlungspraxis resultieren könnte, die in einem **„weder noch"** mündet. Dann wäre Herr Fern weder Manager einer nachwuchsfördernden Gemeinschaft noch der einer professionellen Organisation; Herr Klar weder Trainer noch sportlicher Leiter; Herr Mutz weder Amateur noch Profi und Herr Lefair weder Gönner noch Sponsor, wodurch ein effizientes Handeln der Organisation Blau vermutlich beeinträchtigt wäre.

    3. Wenn Supervision einen Diskussionsraum eröffnet (vgl. Kapitel 3) um problematische Handlungszusammenhänge auf psychischer, sozialer und organisatorischer Ebene zu reflektieren und dadurch die Handlungseffektivität der Akteure zu erhöhen (vgl. Rappe-Giesecke 186ff.), dann erscheint die Praxis der Supervision auch im Feld des Leistungssports sinnvoll. Denn genau diese Ebenen sind es, die aus der vorangegangenen Analyse des Teams Blau als problematisch hervorgingen, wobei zu beachten ist, dass die analytischen Befunde für das Team Blau, nicht zu verallgemeinern sind. Die Deutsche Gesellschaft für Supervision steckt das Praxisfeld der Supervision wie folgt ab: Führungsaufgaben neu definieren, Teamarbeit anspruchsvoller gestalten, Veränderungen am Arbeitsplatz managen, MitarbeiterInnen stärken und schließlich Karriere selbstbewusst planen (vgl. DGSv 2006)[59]. Analog zu diesen Aufgaben nutzt die Supervision Kenntnisse der Organisations-, Kommunikations-, und psychologischen Einzelberatung (vgl. ebd.).

    Eine Neudefinition der Führungsaufgaben, die mit einem Führungstraining verbunden sein kann, scheint sowohl für Herrn Klar, als auch Herrn Fern im Zuge der Umstrukturierung des Teams Blau sinnvoll. Teamarbeit anspruchsvoller zu gestalten, zielt vor allem auf die dargelegten Kommunikationsstörungen ab, diese könnten durch eine Supervision offen gelegt und in einen Diskurs eingebracht werden. Veränderungen managen würde im Kontext des Teams Blau bedeuten, die sich verändernde Organisationsstruktur - von der Gemeinschaft zur professionellen Organisation – zu reflektieren und damit einhergehende Veränderungen der Organisationsprinzipien „einzufangen" und neu zu ordnen. Hierzu würden sich insbesondere Methoden und Erkenntnisse der Organisationsberatung eignen. Schließlich wäre die psychologische Einzelberatung angebracht, um handlungsbeeinträchtigende

---

59 vgl.: Deutsche Gesellschaft für Supervision (http://www.dgsv.de)

Selbsttäuschungen, wie sie die Ausführungen von Herrn Klar und Herrn Mutz vermuten lassen, zum Gegenstand einer klärenden Selbstreflexion werden zu lassen.

4. Die habermas'sche These „kommunikativer Pathologien" (vgl. Kapitel 2.6) bestätigt sich offenbar in der „sozialen Wirklichkeit" des Teams Blau. Ein über Kommunikation herbeigeführter Konsens wird dort an verschiedenen Stellen durch einen Scheinkonsens verhindert, der unterschiedliche Perspektiven auf ein und dieselbe Situation kaschiert. „Kommunikative Pathologien" liegen für Habermas dann vor, wenn die Geltungsansprüche Wahrheit, Richtigkeit und Wahrhaftigkeit einseitig bewusst oder beidseitig unbewusst gebrochen werden und der Eintritt in einen klärenden Diskurs nicht ohne weiteres möglich ist (vgl. Kapitel 2.6.). So scheint der Geltungsanspruch der Wahrheit innerhalb der Kommunikationsstrukturen des Teams Blau verletzt, da die Interviewten differenzierte „objektive" Wirklichkeiten als Ausgangspunkt ihrer Kommunikationsangebote nutzen (vgl. Kapitel 5). Während Herr Klar und Herr Lefair eine „emotionale Gemeinschaft" voraussetzen, sieht Herr Fern eine „Kapitalgesellschaft" als Basis seiner Handlungen (vgl. Kapitel 5.1/5.6). Der Geltungsanspruch der Richtigkeit scheint verletzt sobald Herr Klar während der Kommunikation mit den Sportlern seine Vorhaben nicht offen artikuliert, sondern stattdessen Informationshandel betreibt. Der Geltungsanspruch der Wahrhaftigkeit spiegelt sich zwischen den Träumen und der Realität von Herrn Mutz wider (vgl. Kapitel 5.3).

5. Die im Kapitel 2 eingeführten Begriffe der habermas'schen „Theorie des kommunikativen Handelns" – Lebenswelt und System sowie kommunikative und zweckrationale Handlungen – erwiesen sich für die Rekonstruktion der „sozialen Wirklichkeit" des Teams Blau insofern als praktikabel (vgl. Kapitel 2), als dass sich das Spannungsfeld zwischen System und Lebenswelt sowie zweckrationalem und kommunikativem Handeln auch in der „sozialen Wirklichkeit" des Teams Blau ausbreitet (vgl. Kapitel 2.3/2.4). Idealtypischerweise zeigt sich dieser Befund in der Entwicklung von der Gemeinschaft zur professionellen Organisation Team Blau, die in allen Interviews beschrieben wurde. In den Augen der Interviewten geht mit diesem Prozess eine Veränderung der Handlungsorientierung einher. Während in der Gemeinschaft vor allem Spaß zählte, scheint in der professionellen Organisation einzig der Erfolg handlungsbestimmend, den die Akteure durch zweckrationale Nutzenkalküle zu finden versuchen. Deutlich wurde aber auch, dass sich innerhalb der Perspektive „Gemeinschaft" Elemente der Perspektive „professionelle Organisation" fanden, so wie die Perspektive „professionelle Organisation" zuweilen auf „Gemeinschaft" verwies. Analog dazu legte die Interpretation der habermas'schen Texte nahe, System und Lebenswelt als sich ergänzende Perspektiven zu verstehen, so dass sich im System lebensweltliche Momente finden (vgl. Habermas 1986: 381) und in der Lebenswelt systemische Mechanismen zeigen. Entscheidend ist, welcher

6. Fazit, Kritik und Ausblick

Verstehen und Verständigen scheint Akteuren im Zuge sich nach außen öffnender Gesellschaften zunehmend schwerer zu fallen, dies legten die einleitenden Worte der vorliegenden Arbeit nahe. Im Sinne einer sich mit dem Ziel der Professionalisierung nach außen öffnenden Gemeinschaft Team Blau hat sich diese These am empirischen Fallbeispiel bestätigt. Die Kommunikationsstrukturen des Teams Blau enthalten organisatorische, soziale und psychische Elemente und weisen diesbezüglich offenbar problematische Kommunikationskonstellationen auf, die mit der diagnostizierten „sowohl als auch Kultur" und dem Veränderungsprozess von einer Gemeinschaft zur professionellen Organisation korrespondieren, so dass die Verständigung zwischen einzelnen Teammitgliedern erschwert wird.

Ziel dieser Studie war die Bearbeitung dreier Aufgaben. Erstens sollte die Parallelität zwischen habermas'scher Theorie und Supervision herausgearbeitet werden. Zweitens wurde die These eröffnet, dass supervisorische Praxis das Feld des Leistungssports unterstützen und bereichern könnte. Die empirische Bestätigung dieser Annahme sollte durch die Rekonstruktion der „sozialen Wirklichkeit" des professionellen Radsportteams Blau gelingen. Drittens erhoffte sich der Autor als Nebeneffekt der beiden ersten Vorhaben die Prüfung von Teilen der „Theorie des kommunikativen Handelns" an der „sozialen Wirklichkeit" der zu analysierenden Profimannschaft.

ad 1) Aus der Bearbeitung der ersten Aufgabe ergab sich der Gedanke, die habermas'schen Geltungsansprüche mit den Beschäftigungsfeldern supervisorischer Praxis parallelisieren zu können und die Praxis der Supervision als Medium zur Diskursfindung und Diskursunterstützung zu betrachten. Auch wenn diese Thesen plausibel erscheinen, soll hier nochmals kritisch angemerkt werden, dass die Praxis der Supervision mit dem habermas'schen Diskursverständnis nicht identisch ist, sondern sich zu diesem kontrafaktisch verhält, da das Ziel einer Supervision instrumentell zweckbestimmt ist – nämlich effizienteres Arbeiten – und so den kommunikativen Vorgaben des Diskurses entgegensteht. Die verantwortliche Haltung des Supervisors wurde als Vorschlag für die Lösung dieses Dilemmas eingebracht (vgl. Kapitel 3.2). Zudem erscheint es sinnvoll, die vorerst nur skizzenhaft angedeutete Idee, die Geltungsansprüche Wahrheit, Richtigkeit und Wahrhaftigkeit an die supervisionsrelevanten Beratungsbereiche der Organisation, Gruppe und Einzelperson zu koppeln, weiter auszuarbeiten und einer empirischen Prüfung zu unterziehen.

ad 2) Aus der Rekonstruktion der „sozialen Wirklichkeit" des Teams Blau ergaben sich vielfältige **Interpretationsvorschläge,** die auf eine „sowohl als auch Kultur" schließen ließen. Hauptmerkmal dieser Kultur ist die Institutionalisierung eines Rollenkonfliktes, da an Herrn Klar sowohl spezifische Anforderungen und

Erwartungen in seiner Rolle als Trainer, als auch in der des sportlichen Leiters gestellt werden. Die Institutionalisierung dieses Rollenkonfliktes erfolgt offenbar durch den Doppelstatus des Teams Blau, indem es vorgibt, nachwuchsfördernde Gemeinschaft und professionelle Organisation zugleich zu sein. Die Kommunikationsstrukturen der „sowohl als auch Kultur" setzen sich aus organisatorischen, sozialen und individuellen Faktoren innerhalb des Teams Blau zusammen, dabei fanden sich problematische Konstellationen auf organisatorischer (sowohl als auch Kultur), sozialer (kommunikative Pathologien) und psychischer (Selbsttäuschung) Ebene, die das erfolgreiche Handeln der Mannschaft beeinträchtigen könnten. Kritisch ist hier zu fragen, wie existierende Erfolge des Teams Blau möglich sind und ob diese die vermuteten Problematiken in der Kommunikationsstruktur der Mannschaft nicht neutralisieren. Die Antwort ist: „sowohl als auch". Erfolge wie der Deutsche Meistertitel und das Akquirieren eines neuen Sponsors verstärken die Scheinkonsense, in dem sie den Akteuren kurzfristig das Gefühl vermitteln erfolgreich gearbeitet zu haben und Missstimmungen bewältigen zu können. Längerfristig schwelen die Konflikte jedoch ohne eine Aufarbeitung dahin und verzerren die Kommunikation (vgl. Habermas 1995: 254), wodurch im Weiteren die gesamte Organisation gefährdet sein könnte – wie es auch der Sponsor der Mannschaft darlegte (vgl. Kapitel 5.5.1). In einer Supervision kann es nun nicht darum gehen, sämtlich Kommunikationsmomente des Teams Blau zu entschlüsseln und offen zu legen. Gerade in der „Abschirmung des Rollenhandelns gegenüber dem Beobachter" (Merton 1967: 327) liegt auch die Stabilität einer Organisation begründet (vgl. ebd.: 327ff.), da die Komplexität der gesamten Kommunikationsverläufe die handelnden Akteure überfordern würde. Die Abschirmung, also die Stabilisation der Handlungssituation, ist es aber, die Herrn Klar durch den diagnostizierten Rollenkonflikt nicht gelingt. Während die „Trainer – Schützling" Beziehung offenbar geringe Abschirmungsmechanismen aufweist, ist die Beziehung des sportlichen Leiters zum professionellen Sportler von diesen durchzogen (vgl. Kapitel 5.3/5.4). Gerät Herr Klar in eine Situation, in der er seinem „Schützling" unter *Anderen* als sportlicher Leiter gegenübersteht, wie in einer Mannschaftsbesprechung, wird die Abschirmung möglicherweise aufgehoben und der Rollenkonflikt bricht offen aus. Eine Supervision kann diese Situationen durch die Hinführung zu einem Diskurs und dessen Unterstützung nicht vollends verhindern. Sie kann jedoch über problematische organisatorische, soziale und individuelle Konstellationen informieren, deren Umgestaltung unterstützen und die Akteure auf mögliche Konflikte vorbereiten, um sie in der Folgezeit adäquater bewältigen zu können. Für die Organisationsstruktur des Teams Blau wäre möglicherweise eine strikte Trennung der U23- und Profimannschaft sinnvoll, um so die Aufgaben, Erwartungs- und Anspruchshorizonte klarer abstecken zu können.

Abschließend soll in diesem Zusammenhang nochmals darauf hingewiesen werden, dass die gewonnenen Erkenntnisse nicht für das gesamte Feld des Leistungssportes verallgemeinert werden können. Im Kontext der Supervision wäre dies auch nicht möglich, da sich supervisorische Praxis gerade auf die spezifischen Problemkonstellationen der Supervisanden einzustellen versucht und damit Verallgemeinerungen entgegensteht. Allerdings muss die praktische Umsetzbarkeit einer Supervision im Leistungssport empirisch getestet werden, da sie nur dann erfolgreich eingesetzt werden kann, wenn jeder Supervisionsteilnehmer der Supervision positiv gegenübersteht und an ihr interessiert ist. Auch wenn alle Interviewpartner ihr Interesse an psychosozialer Unterstützung äußerten, bleibt die praktische Umsetzung des Anliegens abzuwarten. Eine Anschlussstudie müsste die gewonnen Erkenntnisse nutzen, um nach der theoretisch-praktischen Evaluierung des Nutzens der Supervision im Leistungssport die praktische Umsetzung einer Supervision zu untersuchen. Im Rahmen einer „Aktionsforschung" (vgl. Moser 1977, 1975) könnte dann der Eintritt, der Verlauf und die Folgen supervisorischer Tätigkeit untersucht und dokumentiert werden, um die gewonnenen Erkenntnisse dann in einem Diskurs mit Teammitgliedern, Supervisor und Forscher vorzustellen und zu erörtern (vgl. Moser 1977a: 5ff.).

ad 3) Der Versuch, Teile der „Theorie des kommunikativen Handelns" an der „sozialen Wirklichkeit" des Teams Blau zu prüfen, konnte in der vorliegenden Arbeit nicht abschließend zufrieden stellend bewältigt werden. Zwar fanden sich die Begriffe des zweckrationalen, kommunikativen, erfolgsorientierten und verständigungsorientierten Handelns sowie der Lebenswelt (Gemeinschaft) und des Systems (professionelle Organisation) auch in der „empirischen Wirklichkeit" verkörpert, jedoch konnten sie bisher nicht in eine befriedigende stringente Erklärung der komplexen Phänomene des tatsächlich beobachtbaren täglichen Handelns eingebunden werden. In einer oben schon angedeuteten Anschlussstudie wäre der Versuch der praktischen Überprüfung von Teilen der „Theorie des kommunikativen Handelns" somit weiter zu präzisieren.

Ungeachtet dessen erscheint dem Autor die Praxis des Anhörens, Verstehens und Verständigens von und über differenzierte(n) Wahrnehmungsperspektiven als wichtiger Orientierungspunkt auf der Suche nach einer normativen Basis gesellschaftlichen Zusammenlebens.

Nachwort

Diese Arbeit bietet, für den der sich schon lange mit der Theorie und Praxis der Supervision befasst, einige Überraschungen. Zunächst regt die Definition der Supervision als „beobachtete Selbstkorrektur" dazu an, sich erneut Gedanken über das Eigentliche der Supervision zu machen. Dass diese Bezeichnung im Kontext der habermas´schen Theorie des kommunikativen Handeln entstanden ist, erstaunt noch mehr. Zum Einen haben es sich die Theoretiker der 1970er und 1980er Jahre offensichtlich entgehen lassen, sich die damals in Blüte stehende Kritische Theorie, näherhin die Diskurstheorie von Habermas, für die Theorieentwicklung von Supervision wirklich zunutze zu machen und nicht nur auf sie in der Fußnote zu verweisen. Zum Anderen wird diese Theorie des kommunikativen Handelns in einer Zeit systemtheoretischen Denkens für die Supervision aktualisiert, in der es nur schwer gelingt, technischen Fortschritt und soziale Lebenswelt miteinander zu verbinden und unter die Kontrolle einer rationalen Auseinandersetzung zu bringen (vgl. Habermas 1968). Schließlich werden „ausformulierte und praktizierte Pfade supervisorischer Praxis aus soziologischer Perspektive" betrachtet, was angesichts des soziologischen Theoriedefizits der Supervision erfreulich ist.

Der Autor gibt sich zu erkennen, wenn er sein Bedürfnis nach einer „normativen Basis gesellschaftlicher Organisation" formuliert. Er bringt die gegensätzlichen Bewegungen seiner Biographie, die ihren Anfang in der DDR (Ostberlin) nimmt und unter anderem in einem Soziologiestudium und im Leistungssport des kapitalistischen Westens eine Fortsetzung findet, um sich schließlich dem Paradigma der Selbstreflexion zu widmen, unter das Dach der Supervision, die Verstehen durch den rationalen Austausch objektiver, sozialer und subjektiver Gründe ermöglicht.

Die Supervision als Diskursfindung und Diskursunterstützung, nicht zu verwechseln mit dem Diskurs selbst, kann das Normalverhältnis gesellschaftlichen Zusammenlebens in der Verschränkung von organisatorischen, gruppenbezogenen und personalen Aspekten an den habermas'schen Geltungsansprüchen von Wahrheit, Richtigkeit und Wahrhaftigkeit als Normalbedingung von Verständigung messen. Der Anwendungsversuch in der Rekonstruktion der sozialen Wirklichkeit eines Radsport-Teams ergibt interessante und erhellende diagnostische Ergebnisse, deren praktische Umsetzung allerdings schwierig sein dürfte.

Die Praxis des Anhörens, Verstehens und Verständigens über differenzierte Wahrnehmungsperspektiven bietet für den Wunsch des Autors auf der Suche nach einer normativen Basis gesellschaftlichen Zusammenlebens einen wichtigen Orientierungspunkt und eine Antwort zugleich.

Dass ein supervisorisches Wahrnehmungs- und Rollenkonzept des Verfassers dieser Zeilen dem Autor als Ausgangspunkt für die Weiterentwicklung von Supervision dient, erfreut natürlich und macht auch zuversichtlich, dass einer aus der junge Generation von Supervisoren auf bisher Entwickeltem aufbaut und vor allem sich daran macht, die Wissenschaft von Beratung und Supervision durch sein theoretisches Arbeiten zu bereichern. Insofern will dieses Nachwort auch zur Weiterarbeit motivieren.

Berlin im Mai 2008   *Wolfgang Weigand*

Literaturverzeichnis

Adorno, Theodor (1997): Soziologie und empirische Forschung, in: Soziologische Schriften 1. Gesammelte Schriften Bd., Frankfurt/ Main: Suhrkamp Verlag: 196-216

Armstrong, Lance (2000): Tour des Lebens. Wie ich den Krebs besiegte und die Tour de France gewann, Bergisch Gladbach: Gustav Lübbe Verlag

Baumann, Zygmunt (2003): Flüchtige Moderne, Frankfurt/Main: Suhrkamp Verlag

Bayrischer Jugendring (2006). Initiative: Jugendarbeit macht Bildung und Schule. http://www.jambus.bjr.de/einzelbeispiele.html

Beck, Ulrich (1996): Risikogesellschaft. Auf dem Weg in eine andere Moderne, Frankfurt/ Main: Suhrkamp Verlag

Becker, Peter (2004): Der Trainer. Ein Leben für den Radsport, Szczecin: Scheunen Verlag

Bender, Christiane (1989): Identität und Selbstreflexion. Zur reflexiven Konstruktion der sozialen Wirklichkeit in der Systemtheorie von N. Luhmann und im Symbolischen Interaktionismus von G. H. Mead, Frankfurt/ Main: Peter Lang Verlag

Berger, Peter; Luckmann, Thomas (1970): Die gesellschaftliche Konstruktion der Wirklichkeit. Eine Theorie der Wissenssoziologie, Frankfurt/Main: Fischer Verlag

Berliner Zeitung (29.12.2004): Bastionen von Einzelkämpfern, Berlin: Berliner Verlag

Bette, Karl - Heinrich; Schimank, Uwe (1995): Doping im Hochleistungssport, Frankfurt/ Main: Suhrkamp Verlag

Bette, Karl - Heinrich (1984): Die Trainerrolle im Hochleistungssport, Sankt Augustin: Richarz Verlag

Birnbacher, Dieter (1999): Philosophie als sokratische Praxis: Sokrates, Nelson, Wittgenstein, in: Krohn, Dieter; Neißer Barbara; Walter, Nora (Hrsg.) (1999): Das Sokratische Gespräch. Möglichkeiten in philosophischer und pädagogischer Praxis, Frankfurt/Main: dipa-Verlag: 15-36

Bissinger, Manfred (2005) (Hrsg.): Die Geschichte der Markenmacher. 75 Jahre Unilever in Deutschland, Hamburg: Hoffmann & Campe Verlag

Boßdorf, Hagen; Jan Ullrich (2004): Ganz oder gar nicht, Ullstein Verlag: Berlin

Bourdieu, Pierre (1997): Verstehen, in: Ders. u.a.: Das Elend der Welt. Zeugnisse und Diagnosen alltäglichen Leidens an der Gesellschaft, Konstanz: Universitäts-Verlag Konstanz: 779-802

Brandau, Hannes (1991): Supervision. Aus systemischer Sicht, Salzburg: Otto Müller Verlag

Buer, Ferdinand (2000): Supervision als Ort moralphilosophischer Besinnung. Oder: Was auch in der Arbeitswelt entscheidend ist, in: Supervision 4/2000, Münster: Votum Verlag

Buer, Ferdinand (1999): Lehrbuch der Supervision. Der pragmatisch-psychodramatische Weg zur Qualitätsverbesserung professionellen Handelns, Münster: Beltz Verlag

Bund Deutscher Radfahrer (2006). http://www.rad-net.de

Coburn-Stage, Ursula (1973): Der Rollenbegriff. Ein Versuch der Vermittlung zwischen Gesellschaft und Individuum, Heidelberg: Quelle & Meyer Verlag

Colcord, Johanna; Mann, Ruth (1930): The Long View. Paper and Addresses by Mary E. Richmond, New York: Russel Sage Foundation

Dahrendorf, Ralf (1968): Homo Sociologicus. Ein Versuch der Geschichte, Bedeutung und Kritik der Kategorie der sozialen Rolle, Opladen: Westdeutscher Verlag

Deutsche Gesellschaft für Supervision (2006). http://www.dgsv.de

Die Zeit (21.12.2005): Mensch, Ackermann, Hamburg: Zeitverlag

Eberspächer, Hans (1993): Sport Psychologie, Reinbek bei Hamburg: Rowohlt Verlag

Emge, Carl August (1967): Der Weise, Berlin: Duncker & Humblot

Esping-Andersen, Gøsta (Hrsg.) (1996): Welfare States in Transition - National
	Adaptions in Global Economies, London: Sage Publications

Flick, Uwe (2002): Qualitative Sozialforschung. Eine Einführung, Reinbek bei
	Hamburg: Rowohlt Taschenbuch Verlag

Foucault, Michel (1994): Überwachen und Strafen. Die Geburt des Gefängnisses,
	Frankfurt/ Main: Suhrkamp Verlag

Freud, Sigmund (1977): Vorlesungen zur Einführung in die Psychoanalyse,
	Frankfurt/ Main: Fischer Verlag

Gadamer, Hans-Georg (1960): Wahrheit und Methode. Grundzüge einer
	philosophischen Hermeneutik, Tübingen: Mohr Verlag

Gerhards, Jürgen (1988): Soziologie der Emotionen, Weinheim und München:
	Juventa Verlag

Giesecke, Michael; Rappe-Giesecke, Kornelia (1997): Supervision als Medium
	kommunikativer Sozialforschung. Die Integration von Selbsterfahrung und
	distanzierter Betrachtung in der Beratung und Wissenschaft, Frankfurt/ Main:
	Suhrkamp Verlag

Glaser, Barney; Strauss, Anselm (1967): The Discovery of Grounded Theory.
	Strategies or Qualitative Research, Chicago: Aldine Publishing Company

Goffman, Erving (1986): Interaktionsrituale. Über Verhalten in direkter Kommunikation,
	Frankfurt/ Main: Suhrkamp Verlag

Goffman, Erving (1980): Rahmenanalyse. Ein Versuch über die Organisation von
	Alltagserfahrungen, Frankfurt/ Main: Suhrkamp Verlag

Gripp, Helga (1986): Jürgen Habermas, 1. unveränderter Nachdruck. Paderborn:
	(UTB) Ferdinand Schöningh Verlag

Habermas, Jürgen (2006): Das Sprachspiel verantwortlicher Urheberschaft. Probleme
    der Willensfreiheit, Berlin: unveröffentlichtes Vortragsmanuskript anlässlich
    einer Holberg – Preis – Veranstaltung, 17. Januar 2006

Habermas, Jürgen (2005): Zwischen Naturalismus und Religion. Politische Aufsätze,
    Frankfurt/ Main: Suhrkamp Verlag

Habermas, Jürgen (2004): Einladung zum Diskurs. Jürgen Habermas in Stanford, ein
    Film von Ulrich Boehm: 3sat: 11.Februar 2004: vgl.: http://www.3sat.de

Habermas, Jürgen (1998): Konzeption der Moderne. Ein Rückblick auf zwei Traditionen,
    in: Jürgen Habermas (2003): Zeitdiagnosen , zwölf Essays, Frankfurt/
    Main: Suhrkamp Verlag

Habermas, Jürgen (1995): Vorstudien und Ergänzungen zur Theorie des kommunikativen
    Handelns, Frankfurt/Main: Suhrkamp Verlag

Habermas, Jürgen (1986): Entgegnung, in: Honneth, Axel; Joas, Hans (1986) (Hrsg.):
    Kommunikatives Handeln. Beiträge zu Jürgen Habermas, Frankfurt/Main:
    Suhrkamp Verlag: 327-405

Habermas, Jürgen (1985): Die neue Unübersichtlichkeit, Frankfurt/Main: Suhrkamp Verlag

Habermas, Jürgen (1981a): Theorie des kommunikativen Handlens, Frankfurt/Main:
    Suhrkamp Verlag

Habermas, Jürgen (1981b): Dialektik der Rationalisierung. Jürgen Habermas im
    Gespräch mit Axel Honneth, Eberhardt Knödler- Bunte und Arno Widmann,
    in: Ästhetik und Kommunikation, Jg.12, Heft 45/46

Habermas, Jürgen (1979): Interview mit Jürgen Habermas. Jürgen Habermas im
    Gespräch mit Detlef Horster und Willem van Reijen, in: Horster, Detlef (1990):
    Habermas zur Einführung, Hamburg: Junius Verlag

Habermas, Jürgen (1968): Technik und Wissenschaft als Ideologie, Frankfurt/ Main:
    Suhrkamp Verlag

Hartmann, Heinz (1973) (Hrsg.): Moderne amerikanische Soziologie. Neuere Beiträge
    zur soziologischen Theorie, Stuttgart: Ferdinand Enke Verlag

Hege, Marianne (2002): Supervision in der Sozialarbeit der letzten zwanzig Jahre, in: Supervision 2/2002, Münster: Votum Verlag

Helfferich, Cornelia (2004): Die Qualität qualitativer Daten. Manual für die Durch Führung qualitativer Daten, Wiesbaden: VS Verlag

Hildenbrand, Bruno (1995): Fallrekonstruktive Forschung. in: Flick, Uwe; Kardorff, Ernst; Keupp, Heiner; Rosenstiel, Lutz; Wolf, Stephan (1995) (Hrsg.). Handbuch Qualitative Sozialforschung (2. Aufl.), München: Psychologie Verlags Union: 256-260

Hobermann, John (1994): Sterbliche Maschinen, Aachen: Meyer und Meyer Fachverlag

Hochschild, Arlie –Rusell (1990): Das gekaufte Herz. Zur Kommerzialisierung der Gefühle, Frankfurt/ Main; New York: Campus Verlag

Horster, Detlef (1990): Habermas zur Einführung, Hamburg: Junius Verlag

Honneth, Axel (2005): Verdinglichung, Frankfurt/ Main: Suhrkamp Verlag

Honneth, Axel; Joas, Hans (Hrsg.) (1986): Kommunikatives Handeln. Beiträge zu Jürgen Habermas, Frankfurt/ Main: Suhrkamp Verlag

Hürtgen–Busch, Songrid (2000): Klassikerinnen der Sozialen Arbeit: Mary E. Richmond (1861 – 1928), in: rundbrief gilde soziale arbeit 1/2000

Internationaler Radsport Verband. International Cycling Union (2006). http://www.uci.ch

Jaeggi, Eva; Faas, Angelika; Mruck, Katja (1998): Denkverbote gibt es nicht! Vorschlag zur interpretativen Auswertung kommunikativ gewonnener Daten, Forschungsbericht aus der Abteilung Psychologie im Institut für Sozialwissenschaften der Technischen Universität Berlin, Nr. 98-2

Joas, Hans; Knöbl, Wolfgang (2004): Sozialtheorie. Zwanzig einführende Vorlesungen, Frankfurt/ Main: Suhrkamp Verlag

Kadushin, Alfred (1990): Supervision in der Sozialarbeit, in: Supervision 12/1990, Münster: Votum Verlag

Kaufmann, Jean – Claude (2006): Wir werden nie mehr sein wie vorher. Das Alter der Identitäten, Vortrag an der Universität Potsdam

Kaufmann, Jean – Claude (1999): Das Verstehende Interview. Theorie und Praxis, Konstanz: Universitätsverlag Konstanz

Kieser, Alfred; Kubicek, Herbert (1978a): Organisationstheorien 1, Stuttgart: Kohlhammer Verlag

Kieser, Alfred; Kubicek, Herbert (1978b): Organisationstheorien 2, Stuttgart: Kohlhammer Verlag

König, Oliver (1996): Macht in Gruppen. Gruppendynamische Prozesse und Interventionen, München: J. Pfeiffer Verlag

Lau, Mariam (1998): Das Unbehagen im Postfeminismus, in: Merkur 1998/ Heft 594/595: Klett-Cotta Verlag: Stuttgart

Luhmann, Niklas (1997): Interview zwischen Wolfgang Hagen und Niklas Luhmann. Die Realität der Massenmedien. http://www.radiobremen.de/online/luhmann/realitaet_der_massenmedien.pdf

Luhmann, Niklas (1987): Soziale Systeme. Grundriss einer allgemeinen Theorie, Frankfurt/ Main: Suhrkamp Verlag

Maxen, Markus (1998): Tour de France 1998, Frankfurt/Main: Fischer Taschenbuch Verlag

Mayring, Philipp (2002): Einführung in die Qualitative Sozialforschung, Weinheim: Beltz Verlag

Merton, Robert (1967): Der Rollen-Set: Probleme der soziologischen Theorie, in: Hartmann, Heinz (Hrsg.) (1967): Moderne amerikanische Soziologie. Neuere Beiträge zur soziologischen Theorie, Stuttgart: Ferdinand Enke Verlag: 316-333

Möller, Monika (2006): Vorwort, in: Der Nutzen von Supervision. Verzeichnis wissenschaftlicher Arbeiten, Köln: Deutsche Gesellschaft für Supervision

Moser, Heinz (1977a): Methoden der Aktionsforschung. Eine Einführung, München: Kösel Verlag

Moser, Heinz (1977b): Praxis der Aktionsforschung. Ein Arbeitsbuch, München: Kösel Verlag

Moser, Heinz (1975): Aktionsforschung, als kritische Theorie der Sozialwissenschaften, München: Kösel Verlag

Münch, Winfried (2002): Supervision im Spiegel der Publikationen, in: Supervision 2/2002, Münster: Votum Verlag

Petzold, Hilarion (2002): „Supervision? - Die gibt man, die nimmt man doch nicht! – Führen, das kann man, oder man lernt es nie!", in: Supervision 3/2002, Münster: Votum Verlag

Rappe-Giesecke (2005): Supervision – die Beratung von Professionals, in: Fatzer, Gerhard (2005) (Hrsg.): Gute Beratung von Organisationen. Auf dem Weg zu einer Beratungswissenschaft, Bergisch-Gladbach: EHP Verlag 169-202

Rappe-Giesecke (2002): Die konzeptionelle Entwicklung der Supervision in den letzten zwanzig Jahren, in: Supervision 2/2002, Münster: Votum Verlag

Richter, Götz (1999): Soziale Bindungen zwischen System und Lebenswelt, Konstanz: Universitätsverlag Konstanz

Richmond, Mary (1916): Friendly Visiting among the Poor. A Handbook Charity Workers, New York: MacMillan Verlag

Sackmann, Sonja (1996): Erfassung und Analyse von National- und Organisationskultur – eine kritische Betrachtung, in: R. Lang (1996) (Hrsg.): Wandel von Unternehmenskulturen in Ostdeutschland und Osteuropa. Mering: Hampp Verlag: 55-64

Schattenhofer, Karl; Weigand, Wolfgang (Hrsg.) (1998): Die Dynamik der Selbststeuerung. Beiträge zur angewandten Gruppendynamik, Opladen: Westdeutscher Verlag

Schreyögg, Astrid (1992): Supervision. Ein Integratives Modell. Lehrbuch zu Theorie & Praxis, Paderborn: Junfermann Verlag

Schütz, Alfred; Luckmann, Thomas (2003): Strukturen der Lebenswelt, Konstanz: Universitätsverlag Konstanz

Schütz, Alfred (1932): Der sinnhafte Aufbau der sozialen Welt, 1. Auflage 1974, Frankfurt/ Main: Suhrkamp Verlag

Scobel, Walter-Andreas (1988): Was ist Supervision?, Göttingen:Verlag für Medizinische Psychologie: Vandenhoeck & Ruprecht

Simmel, Georg (1992): Soziologie. Untersuchungen über die Formen der Vergesellschaftung, Frankfurt/ Main: Suhrkamp Verlag

Simon, Fritz (2005): Paradoxie Management: Genie und Wahnsinn der Organisation, Vortrag auf der 1.Berliner Biennale für Management und Beratung im System, http://www.x-organisationen.de/2005/

Simon, Fritz B.(1997) (Hrsg.): Lebende Systeme. Frankfurt/ Main: Suhrkamp Verlag

Soeffner, Hans-Georg (2004): Das Handlungsrepertoire von Gesellschaften erweitern. Hans-Georg Soeffner im Gespräch mit Jo Reichertz, in: Forum qualitative Sozialforschung: Volume 5, Nr. 3, Art. 29- September 2004: http://www.qualitative-research.net/fqs/fqs.htm

Soeffner, Hans-Georg (1989): Auslegung des Alltags- Der Alltag der Auslegung. Zur wissenssoziologischen Konzeption einer sozialwissenschaftlichen Hermeneutik, Frankfurt/ Main: Suhrkamp Verlag

Soeffner, Hans-Georg (Hrsg.) (1984): Beiträge zu einer Soziologie der Interaktion, Frankfurt/Main; New York: Campus Verlag

Strauss, Anselm; Corbin, Juliet (1996): Grounded Theory: Grundlagen Qualitativer Sozialforschung, Weinheim: Beltz Psychologie Verlags Union

Supervision – Mensch Arbeit Organisation (4/2003): Macht, Münster: Votum Verlag

Supervision – Mensch Arbeit Organisation (2/2002): Supervision im Spiegel der Zeit, Münster: Votum Verlag

Supervision – Zeitschrift für berufsbezogene Beratung in sozialen, pädagogischen und therapeutischen Arbeitsfeldern (1990): Geschichte der Supervision, Münster: Votum Verlag

Tönnies, Ferdinand (1991): Gemeinschaft und Gesellschaft, Darmstadt: wissenschaftliche Buchgesellschaft

Ulich, Dieter; Mayring, Philipp (1992): Psychologie der Emotionen, Stuttgart: Kohlhammer Verlag

Ullrich Jan; Boßdorf, Hagen (1997): Große Schleife die Zweite, Berlin: Sportverlag

Von Caemmerer, Dora (1970): Praxisberatung (Supervision): Ein Quellenband, Freiburg: Lambertus Verlag

Wacquant, Loic (2003): Leben für den Ring, Konstanz: Universitätsverlag Konstanz

Weber, Max (1995): Wissenschaft als Beruf. Politik als Beruf, (zuerst 1917/19), Stuttgart: Ernst Klett Verlag

Weber, Max (1972): Wirtschaft und Gesellschaft. Grundriss der verstehenden Soziologie, Tübingen: Mohr Verlag

Weigand, Wolfgang (2006): Neue Herausforderungen an die Profession Supervision, in: Supervision 1/2006, Münster: Votum Verlag

Weigand, Wolfgang (1990): Zur Rezeptionsgeschichte der Supervision in Deutschland, in: Supervision 12/1990, Münster: Votum Verlag

Weigand, Wolfgang (1988): Autoritätsfurcht und Autoritätsbedürfnisse in Gruppen, in: Allert u.a. (Hrsg.): Die Zeichen der Zeit erkennen, Münster: Votum Verlag: 154-172

Weigand, Wolfgang (1979): Solidarität durch Konflikt. Zu einer Theorieentwicklung von Solidarität, Münster: Regensberg Verlag

Wiswede, Günter (1977): Rollentheorie, Stuttgart: Kohlhammer Verlag

Wittenberger, Gerhard (1984): Supervision zwischen Psychoanalyse und Sozialarbeit, in: Supervision 6/1984, Münster: Votum Verlag

Besuchen Sie unsere
Internetseite!

Dort finden Sie
Informationen
über alle Bücher
aus unserem Verlag.

www.centaurus-verlag.de

Printed in the United States
By Bookmasters